识干家

企業閱讀　學以致用

企业文化的逻辑

解开绩效背后的文化密码

王祥伍　黄健江◎著

電子工業出版社
Publishing House of Electronics Industry
北京・BEIJING

图书在版编目（CIP）数据

企业文化的逻辑 / 王祥伍，黄健江著. —北京：电子工业出版社，2014. 1
ISBN 978-7-121-21582-7

Ⅰ. ①企… Ⅱ. ①王… ②黄… Ⅲ. ①企业文化—研究 Ⅳ. ①F270

中国版本图书馆 CIP 数据核字（2013）第 231764 号

书　　名：企业文化的逻辑

作　　者：王祥伍　黄健江
策划编辑：郭景瑶
责任编辑：郭景瑶
印　　刷：三河市文阁印刷厂
装　　订：三河市文阁印刷厂
出版发行：电子工业出版社
　　　　　北京市海淀区万寿路 173 信箱　邮编　100036
开　　本：710 × 1 000　1/16　印张：15　字数：155 千字
印　　次：2014 年 1 月第 1 次印刷
定　　价：45. 00 元

凡所购买电子工业出版社图书有缺损问题，请向购买书店调换。若书店售缺，请与本社发行部联系，联系及邮购电话：（010）88254888。
质量投诉请发邮件至 zlts@phei. com. cn，盗版侵权举报请发邮件至 dbqq@phei. com. cn。
服务热线：（010）88258888。

博瑞森图书：企业视角　本土实践

亲爱的读者朋友：

也许您是博瑞森图书的老读者，也许是新朋友，欢迎您阅读博瑞森图书！

当今中国，各行各业都存在着转型升级的压力与机遇。博瑞森图书与您一同应对转型挑战并发现其带来的机遇。

我们一直在问：什么样的书能为您解决管理难题并带来启发？

我们一直在找：哪些作品最能帮助企业从跟随到领先？

我们一直在做：把最好的作品以最便捷的方式呈现给您，纸质版、电子版、听读版、书摘邮件、微信……

我们策划图书的原则是：

- 企业视角——与您一样，做水中的游泳者，而非岸上的观众或教练，企业的困惑就是我们的任务；
- 本土实践——与您一样，立足本土环境，追求卓越实践，传播最适合当下中国企业的管理之道。

我们希望您：把阅读各类经营管理类图书时的遗憾或收获，告诉我们（13611149991），我们将认真聆听。

如果有一天，您把博瑞森图书视为您优秀的事业伙伴、管理助手，我们也就实现了自己的梦想。

博瑞森图书
010－51900529
bookgood@126.com

什么阻碍了中国企业的效率提升？

中国人民大学教授、博士生导师
华夏基石管理咨询集团董事长、总裁
彭剑锋

中国经济持续了近三十年的快速发展，已经成长为全球第二大经济体。单看排名，让人乐观，但是探究其背后的发展动力以及经济成长的代价，却又让人感到悲观。看看被污染的空气、河流、土壤、地下水，看看被掏空的煤矿、金矿、铜矿、气矿、油矿，看看日渐进入老龄化的国民——中国用世界第一的煤炭消耗、电力消耗、钢铁消耗、森林消耗、淡水消耗、人力消耗等，使自己成为世界第二。

中国经济持续增长靠什么？中国企业靠什么获得持续竞争力？答案似乎非常明显，只能依靠提升各类资源的使用效率，所谓"转型升级，关键就是提升效率"。问题的关键是，如何提升效率？又是什么阻碍了效率的提升？

国家的宏观经济体制改革是提升经济效率的公认途径之一，这一点无论是官方还是民间，已逐步达成共识，新一届政府已经在着手推进，此处不再赘述。

除此之外，**阻碍中国经济和企业效率提升的其他原因，还有本书作者揭示的、常常被我们忽视的、但又无时不在发挥作用的传统文化因素。**

中国传统文化传承了几千年，这种文化的核心特点可以概括为以家庭为单位的“单干文化”，这种文化的很多观念都是鼓励和有利于“单干”的，三十多年前的家庭联产承包责任制把这种文化的优点发挥到了极致。而现代社会创造财富的典型方式却是“群体合作”，每人只做一部分，大家组织起来以更高的效率创造更多的财富，分工协作是现代人高效创造财富的核心密码。而中国的传统文化却不支持分工与合作，很多传统观念，如职业歧视观念和伦理等级观念，成为社会与企业分工合作的重大障碍。

中国经济和中国企业要想大幅度提升效率，必须突破很多传统的文化观念，必须尽可能早地建立起“合作文化”，树立有利于分工合作的观念。只有在文化层面上完成改造，中国经济和中国企业才可能具备真正的软实力，否则，我们不可能在西方企业面前建立起效率优势。

“世界上任何资源都会耗尽，唯有文化生生不息”，这是《华为基本法》中的语句，很多人最初读到时可能只是觉得这句话很有文采，但很少有人能理解其中的深刻内涵。而作为中国改革开放以来最成功的企业群体之一的深圳企业群（以蛇口为中心，包括华为、万科、中国平安、中集集团、招商银行等），之所以能够在竞争惨烈的市场中持续保持效率优势，之所以能够把最难组织的中国人组织起来，其中关键的原因是他们都较早地意识到并克服了传统文化因素的障碍，在企业内部率先建立了先进的、适合当代市场经济的企业文化。而他们的大部分竞争对手却没那么幸运，很多企业至今仍然在传统文化因素阻碍的泥潭中挣扎，无法在国内同行和国际对手面前建立效率优势。

以华为为代表的深圳企业群体的成功突围，为中国企业文化的改造指出了一条明确的方向，这是一条真正能够引领中国企业走向未来的方向，也是中国所有企业家应当真正关注的方向。

2013 年 8 月 22 日

财富的文化密码

王祥伍

成功的企业极其相似

“幸福的家庭总是相似的，不幸的家庭各有各的不幸”，这是俄国作家列夫·托尔斯泰写在其经典巨著《安娜·卡列尼娜》扉页上的话，也是我的管理学导师包政教授在管理学课堂上经常引用的一句话。包政教授经常用此话引申他在管理学上的一个观点：“成功的企业总是相似的，失败的企业各有各的败象”。对这句话我也是深信不疑的，尤其是在做了多年企业文化咨询之后，我更加坚信这一观点。

我推测，《追求卓越》的作者和《基业长青》的作者当年也是基于这种认识进行研究和写作的。《追求卓越》一书总结了卓越企业的八个共同特点，而《基业长青》一书总结了百年企业的九个共同特点。虽然四位作者[①]的观点在内容上各不相同，但他们关于成功企业的基本认识是相同的，他们都认为成功的企业有着极其相似的地方，而这些相似的地方就是这些企业的DNA，或者叫作文化基因。

和遇到的很多企业家看法不同，我始终认为，中国企业文化建设的重点（注意，这里主要是指组织文化建设，而不是品牌文化建设）应该关注优秀企业的共性特征，应该是成功企业优秀基因的研究和引入，而不是追求企业的个性，追求文化上或管理上的特色。我坚信，中国企业在文化上真正需要的是建立管理上的普世价值观，摆脱所谓的中国特色、地域特色、行业特色、企业家特色的陷阱，真正以文化上的普世价值为基础建构企业的管理。

近些年来，无论是理论上的研究还是实践中的感受，我都愈来愈支持前面的观点。

在社会文化层面，对于中国社会文化的改造问题，著名历史学家黄仁宇先生1998年提出了与清朝洋务派“中学为体，西学为用”相反的观点，即“西学为体，中学为用”。该观点认为所谓“西学”实际上已经不是西方某一个国家的文化，而是优秀的发达国家共有的一种普适性的文化。

在企业文化层面，万科董事长王石先生写了一篇名为《深圳现象》的文章。随后，《中国企业家》杂志社的刘建强先生也发

---

① 汤姆·彼德斯、罗伯特·沃特曼、吉姆·柯林斯和杰里·波拉斯。

表了一篇名为《蛇口基因》的文章。两人通过对深圳企业，特别是对深圳蛇口企业的成功经验研究，得出了相同的结论。像华为、万科、中国平安、招商银行、中集集团、华侨城等这些行业差别极大的企业，其成功的背后却有着极为相似的原因：从表面看，这些企业都在深圳，大部分都在深圳的蛇口；从深层看，这些企业都具有明晰的产权、健全的法人治理结构、透明的管理机制；从更深层看，这些企业都倡导公正、平等，都反对特权。王石和刘建强都认为，共同的文化基因是深圳这些企业成功的关键。

在管理实践上，虽然有很多企业在追求自己文化上的个性特征，但也有一种趋势在中国的企业家群体中变得越来越明显，那就是越来越多的企业家在深入研究《华为基本法》，并对《华为基本法》中表达的管理理念表示了高度的认同。尽管这些企业家来自各行各业、四面八方，在行业、地域、企业家个性等方面与华为根本谈不上有什么相似之处，但是这些企业家却都一致表示从《华为基本法》中领悟到了很多管理道理，在应用这些管理道理处理自己企业内的问题时，所取得的效果是极为明显和令人鼓舞的。

《华为基本法》制定于 1998 年，至今已经有十多年的时间，其影响最初主要限于通信行业，特别是在通信运营商的圈子里，一度被奉为通信行业的“管理圣经”。随着时间的推移，如今《华为基本法》的影响已经远远超越通信行业，成为中国改革开放以来对中国企业界影响最大、最广泛的一份管理文件。而且，中国企业家对《华为基本法》的追捧仍然在持续升温，已经成为中国企业界和中国管理学界引人关注的一种现象。这种现象的出现说明，先进的文化理念和管理原则具有跨时代、跨地域、跨行业的特点，只要真正遵守这些理念和原则，企业的成功似乎并不是什么困难的事情。

马克斯·韦伯的启示

优秀的企业都有着共性的文化，这一点似乎不用再费口舌，至少当前有足够多的理论家和企业家是这样认为的。但是，优秀的企业应该有着什么样的文化共性？为什么是这些文化共性而不是其他？这些文化共性是如何在企业中发挥作用进而为企业带来高绩效和竞争力的？这些是理论界和实践界迄今都没有解决的问题。

《追求卓越》和《基业长青》都是通过举例归纳的方式，总结卓越企业和长青企业的共同特征，但这种归纳并没有指出从文化到绩效的内在逻辑，并没有论证这些共同特征的必然性。

约翰·科特教授试图解答从文化到绩效这一问题，他组织了一个研究小组，进行了长达 11 年的研究，与詹姆斯·赫斯克特合写了一本《企业文化与经营业绩》的书。书名很吸引人，但是阅读过的人都知道，书中连企业文化本身定义都没有说清楚，更没有讲明白文化与业绩的因果关系，唯一让人记住的是其关于企业文化与经营业绩关联的表格。

在所有论述文化与经济、文化与经营绩效关系的书籍中，马克斯·韦伯（Max Weber，1864－1920）的《新教伦理与资本主义精神》算是最让人信服的。马克斯·韦伯认为，基督教的新教教派改变了传统教派修行的方式，从原来的“出世修行”改变为“入世修行”，把劳动当成了修行方式，并且树立了把世俗职业视作天赋职业的“天职”观念。正是这种“入世修行”方式和“天职”观念的兴起，让信仰基督新教的国家普遍兴起一种空前的劳动热情，而正是这种劳动热情推动了基督新教国家经济的腾飞。

马克斯·韦伯关于文化与经济的逻辑关系论证是清晰明了的，也是让人信服的，现实社会中我们可以找到大量可以证明这种关系的事实。比如，同样是佛教，传统的佛教也讲出世修行，但这种观念并无助于经济发展。而在日本，以稻盛和夫为代表，他提出了“在劳动中修行”的新的佛教观念，他一手创造了两家世界500强企业——京瓷和KDDI，并且在大厦将倾时拯救了日本航空。稻盛和夫和他的盛和塾正在以一种新的佛教观念，成为日本经济复苏最大的精神动力之源。

在中国台湾，以星云法师为代表，提出了人间佛教的观念，提倡人们入世修行。鸿海集团的郭台铭、凤凰卫视控股有限公司的刘长乐等一大批著名企业家都是星云法师人间佛教的信奉者，人间佛教已经成为推动台湾地区经济复兴的重要动力来源。

马克斯·韦伯的分析方法让人信服，也启发和激励我按照这种思路解析企业文化与企业经营业绩之间的关系。我一直认为企业文化与企业经营业绩之间一定存在着一种简明的逻辑，这种逻辑应该让所有的人看一眼就能够明白企业文化是如何影响和提升企业业绩的，只是这种逻辑尚未被我们发现。

文化与财富的秘密

在我寻找企业文化与企业经营业绩内在逻辑的艰难过程中，中国人民大学包政教授关于社会效率来源的思维框架让我茅塞顿开。透过包政教授的思维框架，我似乎隐隐约约看到这种简明而令人心跳的企业文化与企业经营业绩的完整逻辑。

包政教授认为，现代社会高效率创造财富的关键是分工与协同，其中分工的观点是亚当·斯密在《国富论》中最早提出来的。亚当·斯密通过著名的“别针生产”的案例揭示了劳动分工对于生产效率的极大促进。但是，亚当·斯密并没有意识到，劳动分工只是为生产效率的提升提供了一种可能性，而要真正地实现效率的提升，还需要分工之后的相互协同。

市场交易是一种协同方式，人们通过在市场上的平等议价、自由买卖实现互通有无，相互协同。亚当·斯密以及后来的经济学家们对于这种协同方式以及协同的主要原则有大量的论述，有兴趣的朋友可以看看微观经济学的原著，这里不再赘述。

包政教授把市场交易的协同方式命名为“自协同”方式，与之对应，还有一种协同方式——“组织协同”或“管理协同”，即各个市场交易主体内部的协同。组织协同这种协同方式一直没有得到经济学家的关注，直到切斯特·巴纳德先生在其《经理人员的职能》一书中开始系统提出。组织协同是企业、事业、政府等单位内部成员之间的协同，也就是亚当·斯密没有关注到的

“别针生产场”内部分工之后的协同。切斯特·巴纳德和紧随其后的赫伯特·西蒙、彼德·德鲁克都在研究组织内部的分工与协同。包政教授认为，社会财富和企业经营业绩来源的全部密码几乎都在这里。

借助包政教授的思维框架，我对文化进行了重新定义——文化即人类习惯。从文化到绩效的逻辑隐隐若现。

文化作为一种思维习惯和行为习惯，在劳动分工、市场协同、组织协同过程中都会产生积极或消极的影响。凡是有利于促进劳动分工、市场协同和组织协同的习惯，都会促进企业经营业绩的提升。相反，凡是阻碍劳动分工、市场协同和组织协同的习惯，都会阻碍企业经营业绩的提升。**文化是通过作用于分工与协同，进而作用于经济发展和企业经营业绩的。**

从文化到分工协同、再到企业经营业绩的逻辑链条一旦搭建起来，他们之间的关系顿时豁然开朗，相关案例也随处可见。

例如，劳动分工。西方基督新教伦理的“天职观”是最有利于分工的，既然职业是上帝赋予的，便没有什么怀疑和犹豫，只有尽最大努力干好；类似于“天职观”，日本社会有一种“各安其分”的文化观念，即各行各业的人都要安守本分，干好自己分内的事，才能赢得社会的尊重，这种观念无疑也有利于形成稳定的社会分工。

相反，中国三教九流的观念把社会职业分成三六九等，对于上层的职业报以仰视的态度，而对于下层的职业报以鄙视的态度，这种文化观念明显不利于形成有效的社会分工，从而不利于效率的提升。中国劳动市场的实际情况也很好地印证了这一观点：公务员招考，各个专业的大学毕业生趋之若鹜，一个公务员名额甚至会有上千名竞争者；而技术操作工人招聘，大学毕业生唯恐避之不及，好不容易有一个人投简历，就会出现十个单位争抢一名工人的现象。

例如，市场协同。拥有宗教信仰的社会比较容易进行市场协同，而一直以来就比较重视契约观念的基督教社会更加有利于市场协同。拥有宗教信仰，容易使人产生敬畏心，容易使人具有牢固的道德底线，从而更容易让人相信。例如，在北京吃羊肉串，清真饭馆往往给人更加可信的感觉，因为回族人至少不敢冒着违反教义的风险去使用其他劣质肉冒充鲜羊肉；而没有宗教信仰的汉族人（这个例子纯粹是从文化讨论的角度讲的，没有任何歧视汉人的意思，本人也是汉人）则无所畏惧，只要顾客吃不出来，什么肉都敢用。中国市场上出现的地沟油、毒奶粉、假鸡蛋、猪皮胶等层出不穷的假冒伪劣产品，不幸正在印证着这一结论。中国经济总量已跃居世界第二，而可怜的中国父母连自己孩子喝的放心奶粉在内地都买不到，无奈只能到中国香港、日本、欧洲去代购。中国的市场经济正面临着严重的诚信危机，而这种危机与我们缺少信仰、缺少敬畏感有很大的关系。

例如，组织协同。西方社会中的平等观念比较容易形成组织协同，而中国传统文化中的伦理等级观念则无助于形成组织协同，这使得中国人很难组织起来。两个人能不能在一起合作，能不能长期稳定地合作，无法通过强制来实现，完全取决于双方各自的意愿。而双方各自的合作意愿取决于各自对于组织是否公正、相互之间是否平等的感觉。如果感觉组织是公正的、相互之间是平等的，就会愿意继续合作。相反，如果有人感觉组织对自己不公正、组织成员之间存在着不平等，合作的意愿就会降低，久而久之，合作就会终止。有人说，中国人每个人独自都是一条龙，但合起来就变成了一条虫。不容易团结、不愿意合作是中国人表现出来的群体特点，但这只是现象，更深层次的原因是中国人根深蒂固的等级观念和不平等观念。

透过分工协同的框架，我们可以轻松看到文化理念与企业经营业绩的关系，也能够明显地看出西方社会文化的效率优势和中国传统文化的效率劣势，从而为中国企业的文化再造提出明确的方向，这正是笔者作为一名企业文化管理咨询师日夜求索的命题。

本书的意图是大致呈现笔者对于这一命题长期思考的结果，可能并不完善，有的地方甚至可能有重大疏漏，但笔者坚信，书中的观点对于中国企业的文化再造具有重大的理论指导意义。

2013 年 8 月 1 日

第一章
经济背后是文化

印度有句著名的谚语："播种行动，收获习惯；播种习惯，收获性格；播种性格，收获命运。"该谚语流传甚广，超出了国界，成为许多人的人生箴言，并被浓缩成一句话叫作"性格决定命运"。

记得中国台湾著名作家龙应台在她的著名文章《不相信》里这样写道："二十岁之前相信的很多东西，后来一件一件变成不相信。"例如，爱国、文明、历史、正义、爱情、理想主义等。与之相反，有几种东西，二十岁前不相信，现在却越来越坚信，如"性格决定命运"。龙应台女士的这种感觉可能会引发很多过来人的强烈共鸣，这也许正是这篇文章能够广泛流传的原因。

"性格决定命运"是讲个人的，对于一个家庭、一家企业、一个民族，甚至一个国家来讲，另外一句话同样适用，那就是

“文化决定命运”。近几十年来，持续不断的企业文化研究热潮、东西方文化对比研究热潮正是大家对这一观点越来重视，并且越来越认可的反映。

一、 宗教版图与经济版图的惊人重合

对比一下当今世界的经济版图和宗教版图，你会发现一个惊人的现象：两者之间有着很大程度的重合。凡是以基督教为主流信仰的国家，几乎都是发达国家，而以佛教、伊斯兰教为主流信仰的国家（极个别因为石油而跻身发达国家之列的除外）大部分都是发展中国家（如图 1 –1，图 1 –2 所示）。

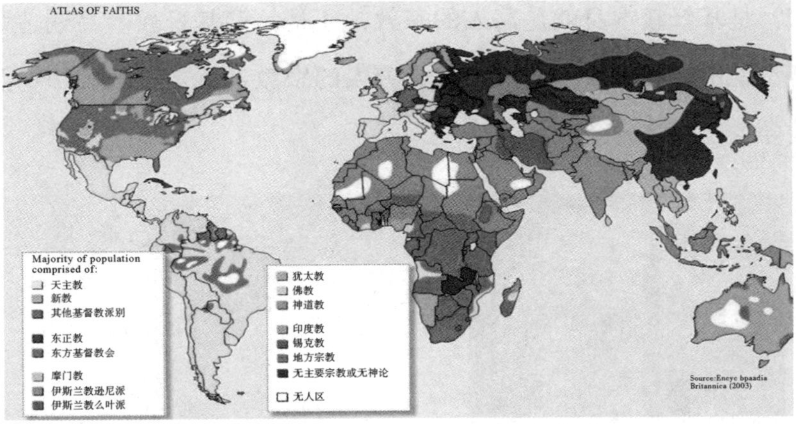

图 1 –1　世界宗教版图

这种重合如果发生在一两个国家，我们可以认为是一种偶然。但是，这种重合发生在这么多的国家之中，仅仅用一种偶然来解释显然没有说服力。这其中肯定存在着某些必然的关系，一种类似因果关系的联系，其中只需要确定什么是因、什么是果：

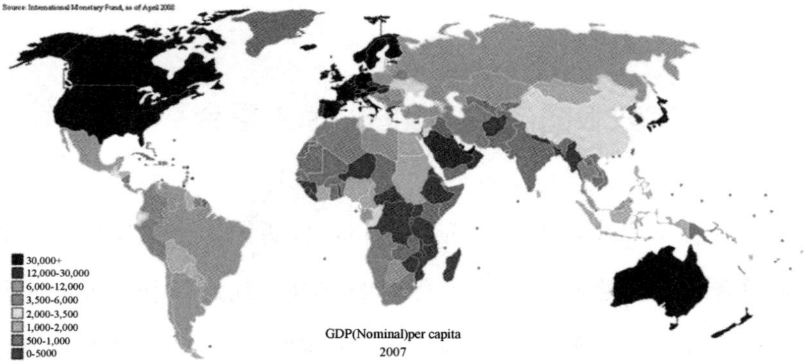

图 1 –2　世界经济版图（全球人均 GDP 分布，2007IMF 数据）

是宗教信仰本身决定了经济的发展，还是经济发展决定了宗教信仰？是基督教本身就是富人的宗教，还是信仰基督教容易创造财富？是佛教和伊斯兰教本身就是穷人的宗教，还是佛教和伊斯兰教导致了经济的落后？

图 1 –3　卡尔·马克思（左）与马克斯·韦伯（右）

19 世纪后期以及 20 世纪初，一位叫马克斯（MAX）·韦伯的社会学家（该马克斯和中国人所熟知的卡尔·马克思齐名，两人都是社会科学领域的泰斗级人物，见图1－3），通过对基督新教的发展传播以及其所到之处对当地经济影响的历史研究，得出这样一个结论：在欧洲瑞士、荷兰、英国和北美洲的美国，基督新教的传播对当地的经济发展起到了极为关键的作用。

马克斯·韦伯向世人展现了这样一种逻辑：基督新教所倡导的一些基本信念，如“入世修行”“天职观”“禁欲观”，直接催生了以富兰克林为代表的现代西方资本主义精神，如“敬业”“诚信”“惜时如金”。而资本主义精神孕育了大批如约翰·洛克菲勒、约翰·皮尔庞特·摩根、安德鲁·卡内基、亨利·福特、托马斯·约翰·沃森等“拼命挣钱、拼命省钱、拼命捐钱”的企业家群体，这些企业家群体创立了标准石油、摩根大通、美国钢铁公司、福特汽车、IBM等世界一流的企业，而这些企业成为一国经济的支柱，直接推动了国家经济的繁荣。

马克斯·韦伯的逻辑严密而简明，让人无法不相信他的结论，从此，文化命题成了关心经济发展和关注企业发展的人所关注的命题，文化的概念就从一种文人志趣变成了财富密码，成为世俗之人热切关注的事。

二、 欧债危机为什么大部分在南欧

当今欧债危机已经成为影响欧洲经济最大的困扰，先是希腊政府面临破产，接着是爱尔兰、葡萄牙、西班牙、意大利。很多经济学家、政治家都在探讨欧债危机的形成原因以及解决方案。目前大家普通公认的原因大概有这几个：①在金融危机中，政府加杠杆化使债务负担加重；②信用评级机构煽风点火，助推危机蔓延。这是外因。①产业结构不平衡——实体经济空心化，经济发展脆弱；②人口结构不平衡——逐步进入老龄化；③刚性的社会福利制度。这是内因。这些探讨大都停留在经济和政策层面，这些无疑是非常明显的原因，也是直接导致希腊、西班牙、意大利等国家债务危机的直接原因，但是经济和政策背后的深层原因却一直没有得到足够的重视。图 1－4 为欧债危机国家地理分布图。

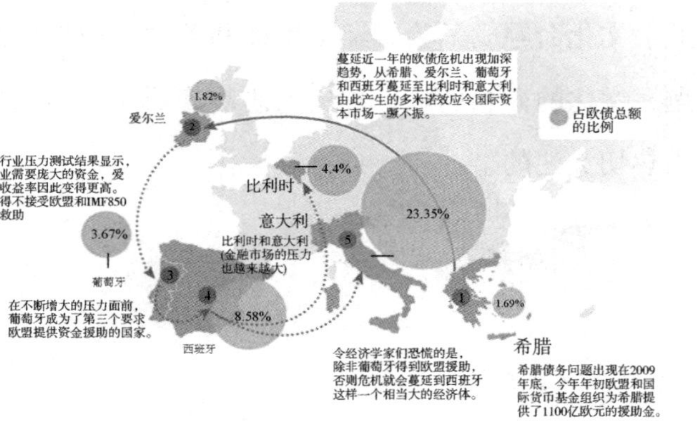

图 1－4　欧债危机国家地理分布图

其实，仔细观察一下出现欧债危机的国家特点，大家不难发现一个共同的特征，那就是发生欧债危机的国家从地理位置上看几乎都在南欧，都在地中海沿岸，只有爱尔兰例外。中欧的德国、北欧的瑞典、挪威也都是高福利国家，也都受到了世界金融危机的影响，也存在人口老龄化现象。但是，为什么在德国、瑞典、挪威等中欧和北欧国家没有发生债务危机，而发生债务危机的国家为什么偏偏都在南欧，为什么是这样，这难道是一种偶然吗？如果说一个国家发生危机是一种偶然，那么五个国家前后都出现这种情况，作为一位严谨的研究者来，就不能把它仅仅当成一种偶然现象来看待，这其中有没有更深层次的原因呢？文化，也许是唯一能够解释的深层原因。

其实，早在 18 世纪中叶，法国学者孟德斯鸠在他的政治学巨著《论法的精神》一书中，就从地理文化层面给出了一个惊人的论断：相对于北欧人的理性与自律，南欧人由于过于感性和散漫，必须采取一种更为严格的社会制度体系，否则过于宽松的经济社会政策将会带来灾难性的后果。回顾一下南欧这些年的经济社会政策及实际发展情况，两百多年前的孟德斯鸠不幸言中。

孟德斯鸠从地理和文化层面给出了南欧要采取严格的法律制度的原因。北欧人因为气候寒冷，神经末梢长时间处在收缩状态，对于色、香、味的感觉不太敏感，所以生命能量的大部分专注于内心的思考，北欧人一般有着超强的抽象思维能力和道德自律能力；相对于北欧来讲，南欧人因为常年沐浴在地中海的阳光和暖风中，神经末梢长时间处在活跃状态，对于色、香、味的感觉极度灵敏，生命的能量大部分沉醉于外部的感官享受中，而无暇进行抽象思维，所以南欧人一般有着敏锐的感知能力和超强的想象能力，同时也缺少较强的道德自律能力。

任何一个国家的治理措施，特别是作为主要社会治理措施的法律政策，一定要依据这个国家人民的特点和文化的特点，只有这样才会有效。从这一基本原理出发，我们可以得出这样一个简单且符合逻辑的论断：南欧国家的债务危机背后的根本原因在于这些国家过于宽松的经济社会政策不符合他们的文化特点，或者说，政策与文化不匹配，是导致目前欧债危机的真正原因。

三、 中国式商道和中国企业的宿命

据美国《财富》杂志报道，美国中小企业平均寿命不到 7 年，大企业平均寿命不足 40 年。而在中国，中小企业的平均寿命仅 2.5 年，集团企业的平均寿命仅七八年。美国每年倒闭的企业约 10 万家，而中国有约 100 万家，是美国的 10 倍。中国企业不仅生命周期短，而且能做强做大的更是寥寥无几。中国企业做不长、长不大似乎成为一种无法逃避宿命。

再看看英国人胡润制作的年度《中国富豪排行榜》的排名变化，中国企业家和中国企业的这种宿命就更明显了，这个排行榜几乎成了“杀猪榜”。为什么上榜的企业家和他们的企业很快就会因各种原因出现问题？为什么这么多企业昙花一现？为什么他们不能够像福特、沃森、盖茨、乔布斯、丰田喜一郎那样创造出基业长青的企业？除了技术问题、创新能力等直观因素之外，很多人把症结归结为中国企业的文化问题。

中国商人阶层在几千年的发展历史中逐渐形成了独特的成功之道，但这种商道和《基业长青》或《追求卓越》中所讲的商道大为不同，这是一种胡雪岩式的商道，即“官商结合”的谋利之道。

看看中国企业近十年的发展你就会发现，发展速度最快、规模最大的企业是天生就有着官商身份的国有企业，如中石油、中石化、中国工商银行、中国银行、中国移动、中国电信等。这些企业大部分都已跻身世界五百强，但是一提到这些企业的效率和这些企业具有世界影响力的产品或服务，与那些真正的世界五百强相比，中国这些五百强企业几乎乏善可陈。那么，中国这些企业靠什么成为世界五百强企业呢？他们与政府结合，通过垄断资源或垄断政策获得成功而已。

中国的国有企业靠官商结合创造财富，民营企业也有很多这样。看看那些拥有百亿元甚至几百亿元身家的企业和企业家们，有多少资产与财富的积累来自企业的主营业务利润？来自主营业务的利润，几乎可以说微乎其微。很多企业资产和企业家财富的爆炸性增长来自土地、矿山等自然垄断资源的低成本获取，来自通过上市融资或银行贷款等资本资源的低成本获取。再看看国内大部分民营企业的核心能力，很多规模上百亿元的企业竟然都找不出一种具有强大品牌影响力的产品或服务。很多企业最后把自己的核心能力定位为与政府打交道的能力，直白点说，就是企业在政府那里的寻租能力，这种情况在中国的民营企业中并不少见。

看着中国企业家成功的背影，你就会发现他们很多人和历史上的吕不韦、沈万三、胡雪岩（图 1－5）等几乎有着同样的轮廓。几百年过去了，甚至上千年过去了，中国商人所持有的商道几乎没有什么变化：官商结合，以商养官，以官谋商。商人因为和政府走得太近，难免受到政治斗争、朝廷兴衰的影响，中国商人和他们所开创的企业，注定逃不脱“其兴也勃焉，其亡也忽焉”的宿命。

图1－5　吕不韦（左）、沈万三（中）与胡雪岩（右）

有一个非常有意思的现象从另外一个角度印证了这种中国式商道在中国的影响之深。中国企业家大都习惯拜财神，很多人都把财神爷当成企业的保护神，但是看看中国商人参拜的财神爷的身份，你也许会陷入沉思。中国的财神爷有三位：第一位是比干，商朝商纣王的叔叔，位居宰相，人称“文财神”；第二位是赵公明，西周武王伐纣时期大元帅姜子牙的部下，人称“武财神”；第三位是关云长，三国时期蜀国大将，也称“武财神”。

这三个人一文二武，都在朝廷为官，没有一个擅长农耕或者百工，没有一个擅长财富创造，但是这并不妨碍他们成为财神爷。因为，中国商人从来不关心财富如何创造，他们关注的是财富如何分配，如何在财富分配过程中获取财富。**直白点说，中国式的传统商道实际上是一种财富分配之道，是一种“文明化”的财富掠夺之道。**中国传统商道借助官方的力量，往往能够快速积累财富，而且这种方式积累财富的效率要远远高于通过自己创造财富的效率。但是通过这种方式获得的财富往往带有一种非正义的性质，是通过欺骗、掠夺或其他非正义方式获取的财富。

中国企业要想改变历史的宿命，必须改变传统的官商结合的谋利之道，改变不注重价值创造，只注重价值分配，习惯从价值分配环节攫取他人利益的思维。建立注重效率提升和价值创造、注重价值分享、注重合作和共赢、注重尊重与平等的企业文化。

延伸阅读 / 王　石

《深圳现象》

能否从中集集团、招商银行、中国平安这三家“蛇口系”企业身上找出一些共同点，从而来解释“深圳现象”？

一座从边陲渔村起步的新城市，为何能培育出优秀企业、企业家群体？一般最容易想到两个理由：①特区的优惠政策；②临近香港的地理优势。但我感觉，这两点不足以说明。

是否有其他更有说服力的解释？

说到深圳新兴企业，无法不提中集集团、招商银行和中国平安这三家“蛇口系”企业。我找出它们发展过程中的一些共同点，大家看看能否解释“深圳现象”。

股权结构和公司治理

中集集团、招商银行、中国平安这三家企业较早就有意识地进行公众化甚至国际化的股权结构改造，市场化程度较高。

中集集团成立于 1980 年，招商局和丹麦宝隆洋行各占股 50%。1987 年，中远收购宝隆洋行大部分股份。1992 年实行股份制改造。现在，招商局和中远各占股不到 20%，前 10 大股东中以海外投资机构居多。通过有意识地建立均衡的股权结构和权力制衡的董事会，避免“一股独大”，有效保证了公司经营以全体股东利益最大化的原则。

银行是国家垄断行业，所以招商银行最初只有招商局一家股东，但它按国际惯例组成了董事会，实行董事会领导下的行长负责制。随后，通过增资扩股，招商局持股比例逐渐下降。2002 年招商银行上市，现在招商局持股 12.11%，成为相对控股股东。

中国平安的股权结构在多元化上最为彻底。1988 年公司成立，有招商局和中国工商银行两家股东。1994 年引入高盛、摩根士丹利、汇丰银行三家外资股东。随后在香港和大陆上市。如今，前四大股东汇丰保险、汇丰银行、深圳市投资控股有限公司和深圳新豪时投资发展有限公司持股均不超过 9%，形成外资、国有、民营企业、员工共同持股的格局，并组建了国际化、专业化的董事会。

三家企业在相当长时间内，都形成了既有股份制企业的治理结构，又有股权比例不是很大的国有股股东，既有做大规模的可能性，也保证了在现行体制下的安全性。

这种股权结构和公司治理特点，使得“蛇口系”企业如袁庚老先生所说：“自出娘胎就先天具有适应国际化市场经济的功能。”

职业经理人式的企业家

今天，中集集团、招商银行和中国平安的掌舵人，无一是“大股东的人”。

从 1991 年起，中集集团的管理层成员就不隶属于任何一方股东。自1998年以来，董事长更换了几任，但总经理和总裁一直是麦伯良。以麦伯良为首的管理层相对稳定，保证了公司经营思想的一致性和战略的连续性。

马蔚华，以央行官员身份空降至招商银行担任行长。在他的治理下，招商银行逐渐形成职业经理人管理团队。同时，马蔚华又是一个很有创新和变革精神的企业家，他推行的战略变革让招商银行脱胎换骨，从一家区域性小银行发展为全国性商业银行，其网上银行和信用卡业务远远领先同行，被认为是中国最健康的银行。

马明哲，最初以蛇口工业区社会保险公司副经理的身份筹建中国平安，今天成为一位寿险、产险、银行、证券、信托、资产管理、企业年金混业经营的金融控股集团的董事长。马明哲说过一句话："我20年来一直为中国平安卖命。"他既有职业经理人的身份，又是典型的创业型企业家。

由职业经理人式的企业家主导，由管理层推动，是这些深圳优秀企业的特色。企业领导者有创业、变革的使命感和理想主义精神，又有市场化、制度化的理念和勇气。在他们的带领下，这些企业逐渐摆脱国有企业的行政束缚，但又不像家族企业那样热衷封闭和权谋，企业管理相对透明规范，企业发展比较稳定，也更容易接受新技术和新管理的变革。

解放思想

中集集团、招商银行和中国平安这三家企业曾经有同一位董事长——袁庚。袁庚说："蛇口的发展是从人的观念转变和社会改革开始的。"

1979，袁庚领导的香港招商局创建于蛇口工业区，这是中国改革开放实践的第一步。袁庚不仅大胆推动市场经济改革，而且还进行了对行政体制改革的尝试。蛇口工业区取消了行政级别和工资级别，工业区管委会由民意推选。人们有选举权和罢免权，享有宪法赋予的言论自由（蛇口媒体可以公开批评管委会甚至袁庚本人），有免除恐惧的自由。

思想解放打开了一个口子，使得市场资源、优秀人才从高压的地方向自由的地方迅速流动，涌入深圳，推动城市经济发展，催生了优秀企业群。只有思想解放的地方，才会吸引有创新精神的人群，诞生有市场活力的企业。

正如袁庚所说："要引进外国的资金、技术、设备等，并不是十分困难的事，而要创造一个适应这个经济发展的社会环境，则要困难得多。进步的社会、进步的人，是任何一个国家和民族经济起飞的大前提。"

温家宝总理在最近也说道："三十多年前的思想解放，推动了中国的改革开放事业。在这方面，深圳在过去相当长一段时间里，毫无疑问是走在全国前面的。"我想，这应该是深圳优秀企业、企业家"高产"最主要的原因吧。

在早期，深圳市中心在偏东的罗湖区，但有意思的是，优秀企业的地理分布是越往西越多。中集集团、招商银行、中国平安的发家之地蛇口在特区最西端，华为、中兴、华侨城也在市区西部。

这种分布形态并没有什么玄机，原因是：越往西，国企体制影响越小，与海外投资的关系越密切。华侨城原来是国侨办下属企业，创始人马志民时任香港中旅总经理。而蛇口系企业的母公司香港招商局，在当时而言，“国际化”程度则更高。

对于这类企业，只受西方商业意识熏陶、借助海外资源起步并不够，更重要的是主动遵从市场规律，把旧的企业体制，逐步转向现代企业体制。同样是“官商”，同样是招商局掌门人，100 多年前，处处被动的李鸿章最终以悲剧告终；100 多年后，处处主动的袁庚功成身退，成为改革以来最受尊敬的人物之一。

与蛇口系、华侨城不同，华为、万科则是白手起家、从头创业。当时和任正非、我一同来到深圳的，有千千万万来自全国各地的英才豪杰，要想脱颖而出，必须挺过漫长而残酷的岁月。在这种环境中，任正非和我从前的从伍经历对我们有很大帮助。在我们这一代企业家中，柳传志、李家祥等不少企业家都有过或长或短的军旅生涯。军人身上特有的高度责任感、荣誉感，以及坚忍不拔的精神，与创业企业家的“资质模型”契合度很高——美国西点军校就出产了众多企业家。

深圳优秀企业、企业家群是一个很有意思、也很复杂的社会经济现象。本文仅仅是以我自身经历和所见所感，略作一个解读。也希望借此能引起社科学者的注意，对此做系统的学术研究，这对总结三十多年改革开放的成果、思考和探索未来的发展道路，应该有所裨益。

第二章
揭开“文化”的面纱

为了彻底搞清楚企业文化，首先要搞清楚文化是什么。

“文化”一词应该是现有语言词汇中最难定义的一类词汇，也是被各种各样的文化专家折腾得最让人难以理解的词汇。

曾经有人问文化大师钱钟书先生：“什么是文化?”钱先生给出的回答是：“你不问，我还明白一点，你一问，我反倒越来越糊涂。”钱先生以他一贯的钱氏幽默表达了文化的复杂性和对文化定义的难度。

一、 文化是“人一类一习一惯”

人类学家克罗伯和克鲁克洪在1951年所著的《文化：关于概念和定义的探讨》一书中做了统计，在1871年到1951年间关于文化的说法有164种之多。

以往众多的学者对文化的定义基本可以分为两类：一类是箩筐式的文化定义，这类定义所讲的文化几乎无所不包，除自然规律之外的东西，其他几乎都是文化的范畴。这种定义力求严谨、准确，说一大堆废话，最后重点也消失在废话中，给人最强烈的感觉是——文化是箩筐，什么都往里可以装；另一类是玄学式的文化定义，这类定义用来解释文化，语言比文化本身更为抽象、玄奥。这种定义力求准确，力求点出文化的本质，但最后这类定义可能只有下定义的人自己才能够理解给人感觉文化是一门玄学。

（一）文化是一种社会惯性

对于文化的解释，人们需要一个精确、简练、通俗的解释，既抓住文化的本质，又简明扼要、通俗易懂。

笔者常年从事文化咨询工作，也常被文化的定义问题困扰，为了解答客户的疑问，曾经尝试了很多种解释，但至今没有一种能够用一句话让客户明白并抓住文化核心的解释。笔者坚信，真正完美的解释一定是非常简洁的，绝不是像现在这样如此烦琐、似是而非的。

当在社会学领域无法找到理想的文化定义时，笔者便把视角转向了自然科学领域。在古典物理学领域，在没有外力作用的情况下，物体的运动状态会保持不变，即物体会保持原来的匀速直线运动状态，这就是著名的惯性定律，又称“牛顿第一定律”。其实惯性定律不仅在物理界存在，在社会界也同样存在，而我们所讲的文化就是这种惯性，是存在于社会领域的人类群体的思维和行为方面的惯性。

我们通常所指的文化现象都是一种社会惯性或人类群体惯性。

春节是一种中华传统文化。一到春节，大部分人都会习惯性地想到全家团聚，都会习惯性地喝腊八粥、祭拜灶王爷、贴春联、放鞭炮、吃饺子、拜年、老人给小孩压岁钱等，凡是可以称得上春节文化的，本质上都是在指一种惯性。

苏州式的园林也是中国一种重要的传统文化，这种文化代表了中国人在建造园林时的一种思维惯性。例如，入门有影壁、园中有水池或池塘、池中有荷、池边有太湖石、亭台楼阁相互交错等。

例如，佛教信仰是中国很多地方存在的文化，这种文化代表了中国人特定群体（佛教信徒）的一系列惯性思维和惯性行为。如定期去寺庙烧香拜佛、在寺庙里求签占卜未来、有困难时向佛祖求助、在佛祖面前许愿、愿望实现后去佛祖面前还愿等。

（二）文化是“人—类—习—惯”

文化本质上是一种社会惯性，或者说，是人类群体的惯性，把握住了这一点就把握住了文化的核心。如果要更为准确地对文化进行定义，我们可以用四个字对文化进行准确地定义，即“人—类—习—惯”。

文化是“人—类—习—惯”，这四个字要分解开来一字一字地解释，每一个字都有特定的内涵。

第一，文化是跟“人”有关的。所有的文化现象首先是与人有关的现象，如果完全与人无关，就无所谓文化。

例如，非洲大草原上的狮子，尽管被称为“草原霸主”，雄踞草原食物链的高端，尽管它“仪表堂堂”，威风八面，只要人没有干涉它的生存方式，只要它仍然保持着纯自然的状态，就不能说它有文化。

例如喜马拉雅山上的原始森林，无论多么美丽，多么物种丰富，多么空气清新，只要没有人的干预，只要仍然保持原始状态，也不能说它有文化。

中国汉语中有一个词“人文”就很好地说明了人与文化的关系。《辞海》中这样解释：“人文指人类社会的各种文化现象。”

一提到文化肯定与人有关系，一提到人，肯定与某种文化有关系。所谓“人不离文，文不离人”。这是文化的第一个特点。

第二，文化是与“类”有关的。一讲到文化，一定是指某个特定群体的文化，例如，与一个家庭相关的，叫家庭文化；与一家企业相关的，叫企业文化；与一个民族相关的，叫民族文化；与一个国家相关的，叫国家文化。如果，单独与一个人相关而不和其他人相关，就只能叫作性格（一个人所拥有的习惯），而不能叫作文化。

美国社会家戴维·波普诺指出："文化是人类群体或社会所共有的产品，包括价值、语言、知识和物质对象。"即文化是群体共有的产品，是同一文化群体中人们共同的社会心理、价值体系。

第三，文化是后天"习"得的。人类的天性不属于文化，例如，婴儿一生下来就会自己寻找母亲的乳房，就会吮吸母亲的乳头；人们见到食物或者闻到食物的味道就会分泌唾液；年轻人到了青春期，就会对异性产生一种莫名的好感。人类在这些方面都存在着行为惯性，但这种惯性属于人的天性，不属于文化。

文化一定是非物质性的，不能通过DNA遗传，文化必须是后天养成的，是通过学习得来的，所谓"习惯"就是习得的惯性。

文化的上述三个特点再加上其最本质的，惯性特点，我们就可以给文化下一个比较准确而简练的定义，即文化就是"人—类—习—惯"。

（三）东、西方的"惯性"对比

我们分析一下东方人和西方人的惯性，这是一个中西文化的比较，是从大的层面、横跨几千年历史的角度来对比的。中西文化的根本差异有以下几点：

第一，静止与运动。中国人喜欢太极拳，它属于运动里偏静的类型。中国人信奉佛教与道教，他们的生活方式都是偏静的。西方人提倡奥林匹克精神，在看待事物等方面，都是偏向运动的。中国人的运动，如围棋、桥牌及麻将，都是偏静的类型，西方人青睐的航海、竞赛都属于偏动的类型。

第二，和平和斗争。中国人提倡和谐，前任总书记胡锦涛还提倡我们建立和谐社会，和谐就是不折腾。而西方人认为竞争是天经地义的，提倡优胜劣汰。中国人提倡平均主义，西方人奉行优胜劣汰。

第三，直觉思维与逻辑思维。中医很多都是一种直觉思维，而西医完全是按照逻辑思维来层层进行分类并分析的。

其他的如中国人主张人治，西方人强调法治，中国人讲性善，西方人讲性恶等，这些被称为文化的东西实际上都是在描述人们在思维或者行为上的一种惯性。

二、 文化源于过去成功的经验

文化是“人—类—习—惯”，是人类后天习得的群体惯性，从其定义中似乎可以看出文化的来源，即文化是学习来的。但是，文化是如何学习来的，从哪里学习来的，最初的文化又是怎么形成的呢?

现实生活中的文化大部分是通过对父母、老师、上司等的学习得来，但这种被学习的文化最初是从哪里来的呢？可能有人会认为，从祖先那里来的。不错，最初的文化肯定是从我们的祖先那里得来，或者从他人的祖先那里得来，但可以断言，一定是从人类的祖先那里得来的。但是，有些文化是我们并不久远的先人那里得来的，有的文化甚至就是我们这一代人创立的。

最初的文化是谁创立的并不重要，重要的是他们怎么创立的文化，在一种文化成为文化之前是什么状态？我们可以想象，或者试着去还原我们至今都在信奉和遵守的文化的最初起源，然后梳理出一条文化产生的路线。从文化形成的过程来看，文化来源于前人的成功经验，或者来源于我们自己以往的成功经验。

（一） 星期制工作传统

虽然，现在我们每周都过周六周日，但是星期制并不是我们的发明，星期制是标准的西方舶来品。但是因为大家觉得用星期制来安排工作与生活的节奏，是人类到现在为止所能发现的最适宜的节奏。所以，星期制就成为全人类共同接受的一种习惯。假设星期六加班，很多人都会感觉不舒服，心理上抵触，生理上不适应，因为星期制已经成为大家的群体习惯。

但是，星期制又是怎么来的？它是人类的祖先在寻找工作与学习最恰当的节奏过程中，一点点试验出来的。中国人原来是按“旬”或“月”的，十天休息一次，或者是一个月休息一次，这种节奏刚开始发明的时候，肯定比没有节奏好，于是大家约定俗成，就成为中国人最重要的生活节奏方式。后来西方的星期制被引进，大家按照这种节奏工作一段时间后发现，这种节奏更好，更利于工作的效率和生活的幸福，于是星期制就被传承了下来。这种节奏是到目前为止，人类探索出来的最成功的一种工作和生活节奏，未来也许存在更适合的节奏。

（二）春节的娱乐传统

春节为什么是在冬季，为什么是从农历十二月底开始，到来年正月十五结束？事实上春节并不是一开始就这样，它源于中国农业社会的大背景，是中国农民在一年的劳作之后，寻找合适的、长时间的休息和娱乐的探索。农民一年不停地忙碌，需要找个时间好好休息和娱乐一下，那么，这个时间安排在什么时候最合适呢？安排在春季肯定不行，正月十五之后农作物就需要浇水施肥。现在也是这样，熟悉农耕的人知道，农民过了正月十五之后就开始忙碌起来。夏天也有很多事情需要做，除草、杀虫、施肥等，秋天更是又收又种。

其实，原来肯定会有不同家族或群体曾经在春天、夏天或秋天忙里偷闲设定了一些节日，后来发现，在这种时间安排的节日不被普遍接受。例如，约定夏天举办娱乐活动，不是这家有事，就是那家有活儿。后来，大家逐渐发现只有安排在春节的十几天时间最合适，大家都没有什么事情，既不种也不收，既不施肥也不浇水，是最好的休息娱乐时间。于是，春节就在人们寻找最合适的休息娱乐时间的过程中，被我们的祖先选中。春节的时间选择，实际上凝结了我们祖先对于农业基本规律的理解，凝结了我们祖先的很多生产和生活经验。

（三）游牧民族的狼崇拜

游牧民族普遍流行一种狼崇拜的文化。狼虽然吃牧民的羊，甚至有时可能会伤人，他们一般会把狼赶走，有时候也会杀死一些狼。但是有一个传统，即他们从来不对狼赶尽杀绝，只要狼不对他们的生命和财产构成太大的威胁，牧民一般会与狼维持一种相安无事的状态，很多部落甚至把狼作为他们的图腾。

他们为什么崇拜狼？他们为什么不把狼赶走或者杀绝？原来，他们在几千年的实践中发现，狼在整个草原的生态环节中是非常重要的一环。如果没有狼，草原上的啮齿类动物就会无限制地繁衍，这些疯狂生长的啮齿类动物会把草原上的草全部吃尽，让牧民的牛羊没有食物，从而让牧民也失去生存的基础。而狼的存在，遏制了地鼠、鼹鼠等破坏草原的啮齿类动物的无限制繁衍，让整个草原生态得以保持平衡。所以，可以说，如果没有狼，草原就保不住，草原保不住，牧民就无法生存。从某种意义上来说，狼实际上是草原和牧民的保护神。

三、 成功经验的文化演化机制

人类成功的经验开始由个人的偶然经验获得，然后被众人学习和模仿，然后经历各种各样的考验，最终被证明是一种值得信赖的成功经验，于是就成为一个群体共同的信仰和习惯，成为大家都默默遵守的文化。这种经验的获得是需要经历大量的失败和牺牲才获得的，可以说代价巨大，但这正是自然选择机制所必需的。

还有一种经验是通过有意识、有控制地试错和实验获得的，如神农尝百草的方式，这种方式获得的经验比通过自然选择机制挑选出成功经验的代价要小很多，后来成为人类获取成功经验的主要方式，可以说是人类关于如何获得成功经验的经验。

（一） 自然选择机制

这种机制也可以称为自然淘汰机制。这种机制是通过淘汰大量非合理习惯，或者非优秀文化，最后让优秀文化得以脱颖而出，广泛传播。

例如，近亲不能通婚的文化传统。我们可以想象在人类最早期的时候是没有这类约定的，最初的时候近亲肯定是通婚的，而且由于相距较近，天天生活在一起，年轻人到了青春期，有生理冲动的时候，近亲反倒更容易彼此产生好感，反倒更可能成为亲家。只是后来才逐渐发现，亲近通婚的后代存在死亡率高、残障率高、智商不高、体质不好等问题，打仗的时候打不过异族通婚的部落，近亲通婚的部落在战争中往往成为失败者，要么被杀头、要么被奴役、要么财产被抢劫一空。于是异族通婚者的部落就越来越强大，占有的资源越来越多，人数会越来越多。近亲通婚的部落如果反省得早，及时终止近亲通婚的习俗，引入异族通婚的信仰，就会得以保留；如果觉醒得晚，不能够快速接纳异族通婚习俗的部落就会越来越孱弱、越来越少，最终灭亡。最后，近亲不能通婚就成为一种文化得以在大部分部落中流传。

例如中国的饮食文化。中国人向来强调“五谷为养”，五谷特指粮食，包括大米、小米、高粱米、小麦、豆类、薯类等。健康饮食的金字塔，基础就是五谷杂粮，称之为主食。如果有一顿饭没有麦香扑鼻的馒头，没有谷香扑面的米饭，也没有金黄的小米粥，那就不算是一顿真正意义上的饭。很多营养师论证，五谷杂粮是中华民族在中国这种特定的地理气候环境里最有利于人们健康的食物，这些食物是我们的祖先经过几千年的探索，检验过所有可以食用甚至不可食用的物品之后，逐渐发现并慢慢固定下来的，这些食物本身以及这些食物的食用方法就形成了中国人所特有的饮食文化。

例如中国的建筑文化。众所周知，中国居民屋顶的坡度从南往北是逐渐减缓的，“南尖北平”是南北建筑文化中最显著的一个差异，为什么存在这样一种差异？建筑但凡能成为一个完善的体系，则必然有其缘由，既不可能无缘无故地产生，也不可能无缘无故地消亡。不难想象，我们祖先刚刚走出丛林时，建造的房屋必定是花样百出：平顶、坡顶、单斜顶、双斜顶、地窖式等。居住在南方的祖先通过不断试错，建造各种类型的房顶，逐渐发现挖地窖和平顶行不通。因为南方年降水量很大，地窖很容易被淹没，而平顶则容易导致房顶积水，多渗漏。只有“人”字形斜顶，不仅利于排水，而且在夏季时易于通风散热。最初，可能只有甲采用“人”字形斜顶的建造方式，后来乙、丙、丁都发现甲采用的斜顶式房屋最便利，不用经常修补屋顶，于是纷纷改变自己原有的屋顶形式，继而成为当地人共同的建房经验。久而久之，它便自然成为南方传统民居的建筑文化。

而北方恰好相反，地窖形式的房屋在东北传统民居中广泛存在，东北人称“地窨子”。“地窨子”的广泛存在是因为其冬暖夏凉，尤其适应东北冬天的严寒天气。而在陕北，人们则探索出了冬暖夏凉，又利于采光的窑洞。在甘肃、新疆，平顶房屋成为人们的普遍选择，因为坡顶不仅浪费材料且没有使用价值，平顶既节省材料，又可以兼作晾晒葡萄干、地瓜干的场所。

图 2 –1　陕北窑洞

（二）自觉选择机制

自然选择机制是残酷的，是以大量淘汰为前提的，每一种成功经验的选出都以人类巨大的付出为代价，有的代价甚至是以一个部落的灭亡为代价，可谓是“一将功成万骨枯”。人类在获得众多领域成功经验的时候，对于如何获得成功经验也逐渐积累一定的经验，人类慢慢地开始学会自觉地进行成功经验的选择。

随着人类之间交流活动的频繁，做事方式和习惯上的差异性开始逐渐显现并被人们意识到是一件重要的事情。于是就有人开始对比同一件事不同做事方式的效果，开始比较不同部落之间行为习惯的优劣，这种比较提高了优秀习惯被挑选出来的速度，也减少了不必要的代价。中医医生通过对病例的积累和分析获得治疗经验的方式就是一种典型的对比选择机制。

人类学会的另外一种自觉选择机制是小范围试验的方式。当一件事情面临很多种选择的时候，人们已经知道大规模试错是一种风险很大的行为，于是倾向于在小范围内进行有控制地试验。例如，通过神农尝百草的方式积累中药学经验是一种典型的试验选择方式。

远古时期，百姓以采食野生瓜果、生吃动物蚌蛤为生，腥臊恶臭伤腹胃，经常有人中毒得病死亡，寿命很短。炎帝神农氏为了“宣药疗疾”，救死扶伤，使百姓延年益寿，他跋山涉水，行遍中华大地，尝遍百草，了解百草平毒寒温的药性。经过长期尝百草发明了药草疗疾的方法。炎帝神农发现草木味苦的凉，辣的热，甜的补，酸的开胃。他教民食用不同的草药治不同的病，先民因病死亡的人数逐渐减少。同时，为“宣药疗疾”，神农氏还刻了“味尝草木作方书”。这便是中国医学科学的开端！

神农氏亲验本草药性，是中药的重要起源。这一过程经历了漫长的历史时期，经过无数次的反复实践，积累了许多药物知识，被篆刻记载下来。随着岁月的推移，积累的药物知识越来越丰富，并不断得到后人的验证，逐步以书籍的形式固定下来，这就是《神农本草经》。《神农本草经》成为中国最早的中草药学的经典之作，后世本草著作莫不以此为宗，对中医药的发展一直发挥着积极的影响，并逐步丰富，形成了如今世界闻名的中医药宝库。

四、 影响文化形成的关键因素

任何一个群体文化的形成明显受多种因素的影响，其中地域环境、生产方式是较为重要的因素。

（一）地域环境

孟德斯鸠在其《论法的精神》中阐述了气候因素对于南欧民族和北欧民族的不同影响：地处低纬度地区的南欧，气温常年较高，生活在当地的居民的神经感官系统长期处于一种兴奋的状态，好动、热情、浪漫成为当地居民普遍的性格特征；而地处高纬度地区的北欧居民，气温常年较低，生活在当地的居民神经感官系统长期处于一种抑制状态，拘谨、理性、保守成为当地居民普遍的性格特征。

这种影响至今仍然存在，以至于影响到这两个地区的经济、生活方式。南欧地区时装、奢侈品、葡萄酒、电影等以感官刺激为中心的行业最为发达，出现了如路易威登、香奈儿、拉菲等影响全球的知名品牌，以及戛纳电影节、威尼斯电影节等具有全球影响力的电影节；北欧以数学计算、理论研究等理性思维为中心的行业最为发达，出现了像爱立信、诺基亚、沃尔沃等影响全球的知名企业，以及诺贝尔奖等影响全球的科学奖项。对比南北欧的生活方式，不难发现，开放、热情是南欧的主要特质，保守、理性是北欧的核心特点，气候的影响由此可见一斑。

图 2－2　南欧与北欧品牌

再放眼中国，大约 960 万平方公里的面积，从南国到北疆，由东海至西域，地理气候差异巨大，也给生活在其中的各民族的生产生活方式带来了巨大的差异。

甘肃临夏县，20 世纪上半叶闻名西北的西北王马步芳的老家，气候干旱少雨，地形崎岖不平，地表植被稀少。当地居民多以商业、手工业为主，民风彪悍，历朝历代的民众反抗从没间断；民心精明，个个都是天生做生意的好手。而与之相邻的甘南藏族自治州，气候湿润，水草丰美。生活在其中的藏民民风淳厚，崇拜自然，与世无争，性格单纯，与相邻的回族人民形成了鲜明的对比。“一方水土养一方人”，不同的地理环境，形成了不同的生活方式和性格特点。

（二）生产方式

在文化形成的过程中，生产方式也扮演着十分重要的角色。

任何文化的形成都与该群体如何获得生存所需的物质生产方式相关，因为所有群体首先需考虑自己的生存问题，而生存必不可少的物质必须有可靠的来源，如何高效、持续、稳定地获得生存所需的物质对于一个群体而言至关重要，或者说一个群体要长期生存下来，必须高效地解决这一问题。

农耕民族是通过种植庄稼和养殖家畜的方式来解决的，游牧民族是通过狩猎和放牧的方式来解决的，而既无牧场、又无耕地的民族往往通过商业贸易或其他方式来解决。一个民族解决其所需物质来源的方式就是其生产方式，这种生产方式时时刻刻伴随着该民族的成长，无疑会对他们的观念、行为产生重要的影响。

图 2 –3　住宅匾额的“耕读传家”

农耕民族扎根土地，以土地为生，农业生产有其自然的节令规律，而且农作物的生长周期比较长，需要长期的投入才有收获。长期从事农耕的民族自然而然会养成勤劳的习惯和耐心的性格，会在农耕活动中认识到“利无幸至，力不虚掷”的真理，认识到“种瓜得瓜，种豆得豆，多劳多得”的规律，形成一种“天道酬勤”的观念。中华民族中的汉族是典型的农耕民族，“耕读传家”、“一分耕耘，一分收获”是所有汉族人心中根深蒂固的信念，“勤俭持家”是整个民族反复颂扬的美德。

农耕文明的这种成功方式在游牧民族就不然，一次狩猎的成功往往在于时机的把握、团队的合作以及关键时刻的爆发力。如果时机把握不好，就可能功亏一篑；如果没有协作精神，就无法形成合围；如果没有爆发力，就只能眼睁睁看着机会溜走。

游牧民族居无定所，逐水草而居，需要健壮的体魄和敏捷的身手。在猎物稀缺时，还需要具备强烈的竞争意识，甚至是侵略意识，否则，就难以获得足够的食物。长期在这种生产方式影响下的人们会形成一种尚武精神、一种集体意识、一种对于自然界的崇拜。以蒙古族为例，蒙古族每年一度的那达慕大会，摔跤、马术、射箭作为主要项目均是蒙古族尚武精神的表现。纵观蒙古族历史，历代可汗都武艺超群，尤以成吉思汗为代表。

图2－4　那达慕大会的赛马（左）及摔跤项目（右）

同样是中华民族，无地可耕的义乌人不得不摇着拨浪鼓，以鸡毛换糖的方式选择商业化生存，从而形成了义乌独特的“拨浪鼓文化”。

义乌，地处金衢盆地东缘，以丘陵为主，东、南、北三面环山。由于本身农业条件较差，导致人多地少缺粮米，依靠农业养家糊口成为一种奢望。正所谓“穷则思变”，为了解决温饱大问题，义乌人开始了鸡毛换糖做生意的副业。而“拨浪鼓文化”正是指生活在义乌的人们在长期的鸡毛换糖、货郎担式小商品生产实践中形成的、具有特定内涵的区域性民间商业文化——“勤、聚、让”，发端于廿三里且为义乌人所特有。

鸡毛换糖，这本是一般人不愿意赚的小钱，货郎以勤为本，不畏艰辛。越是逢年过节，越是人们休息的时候，他们越是远走他乡。不管天南地北、不管赚钱多少，不敢随意乱花，而是把赚来的钱寄回家，从不敢忘记“节约”为本的光荣传统。正是这个“聚”字让义乌商人尽早地完成了原始积累。他们以谦让为经营理念，懂得和气生财，懂得让利和薄利多销。

“拨浪鼓文化”与鸡毛换糖的生产方式密切相关，既源于这种生活方式，也是这种方式成功的经验，后来变成了全体义乌人共同的文化。

五、 文化自身的学习传承机制

现实世界的思维习惯和行为习惯大部分是学习获得的。在家庭，孩子跟父母学；在学校，学生跟老师学；在单位，新人和老人学，下级跟上级学。我们从幼儿园就开始不停地学，小学、初中、高中、大学、研究生、博士生，二十多年，毕业上班后还要学，一直在学，学到了什么东西？学到了知识、经验、技术等，用农村老人的一句话来概括："学的是'文化'。"

（一）文化的模仿机制

在人类文化学习的过程中，有一点特别需要强调，这就是模仿机制，这种机制是人类文化学习和传承中非常重要的一种方式。小孩的模仿特点是最明显的，大人怎么说话，小孩就怎么说话；大人怎么走路，小孩就怎么走路；大人怎么作息，小孩就怎么作息；大人喜欢看什么，小孩就喜欢看什么。从口头禅到各种各样的饮食习惯、起居习惯，再到思考问题的方式方法、情绪处理的方式方法等，都能够从模仿中得来，而且大部分都是从模仿中得来。模仿机制在人们长大以后也依然存在，而且也依然是人们学习的主要机制。在任何一个组织里，新人模仿老人、下级模仿上级都是常见的事。

案例

孟母三迁，择邻而居

孟子是战国时期的大思想家。孟子从小丧父，全靠母亲一人抚养。孟母希望自己的儿子读书成才。但小时候的孟子天性顽皮，把读书当儿戏。孟子跟着左邻右舍的孩子爬树捉鸟，下河摸鱼，田里偷瓜，孟母看在眼里，急在心里。孟母想：孩子不好好读书，与附近的行为文化有关，小孩容易受到周围环境的影响而去模仿。于是，孟母找了一处邻居家没有贪玩的小孩的房子，搬了第一次家。但搬家以后孟子并未有所改观，原来附近有个地方支着大炉子，几个满身油污的铁匠师傅在打铁。孟子也在自家院子里，模仿着铁匠师傅的动作。孟母觉得这里环境还是不好，于是第二次搬家。就这样折腾了三次，最后搬到了一个私塾学堂旁边才感到满意，因为在学堂边，不用督促孟子，他就会自己模仿着其他小孩读书，这正是孟母所期望的。

孟母是一个富有远见的人，她可能讲不清楚文化传递的模仿机制，但是依靠直觉和洞察，她知道该如何做。孟子后来成为大学问家，与他小时候所处的社会环境有很大关系。如果当初孟母决定与铁匠做邻居，孟子长大以后很可能是一名杰出的冶金专家，说不定会打造出类似于“干将”“镆铘”的传世名剑。

年初有网友在微博里发了一份房地产中介的价目表，显示五道口某小区一套37平方米的小户型二手房，竟报出350万元的价格，均价高达10万元/平方米。暂且不论炒作因素，该小区的人文环境优势毋庸置疑：毗邻清华、北大，被中科院院所环绕，是中国文化氛围最浓厚的地区，还有令很多家长梦寐以求的中关村二小等优质资源。不难看出，造成10万元/平方米的高房价原因和中国父母的孟母心结有很大关系。

现代组织行为学的研究成果表明，组织成员的行为形成过程是组织成员之间相互学习、相互博弈的过程，其中组织中领导者的行为对于组织群体行为的形成起着关键性作用。所以，在企业中普遍存在着下级模仿领导的行为机制，这是人类文化传承的重要机制。员工行为是领导行为的放大过程，虽然这种放大不是一种线性的简单放大，但其中也存在着一种必然的互动关系。

案例

咨询师抽烟族的形成

在我早年做咨询的过程中有过一段特别有趣的经历：当时很多咨询师来自高校，大部分咨询师没有抽烟的习惯。但是，咨询公司的领导（也是我们的老师）是一个烟瘾非常大的人，而且在抽烟方面非常讲究，一般情况只抽方盒白三五，而且是用一种当时市面上还很少见的长烟嘴，用一种声音听起来非常悦耳的ZIPPER打火机。大家可以想象以后发生的事情：当我们老师抽烟的时候总是希望找一个烟伴，总是给所有在场的员工让烟，年轻的咨询师一般是因为盛情难却，或者是因为好奇，半推半就之中就抽上了烟。“老师散烟学生抽”的模式持续了一段时间，情况开始发生变化：一些咨询师慢慢开始有一点儿上瘾，上瘾后不好意思再找老师要烟了，于是有的咨询师开始自己买烟，当发现老师想抽烟时就急忙掏出自己的烟让给老师。但是，老师对抽的烟是非常讲究的，只抽方盒白三五，其他的烟一般是不抽的，这就意味着买其他品牌烟抽的人只能抽老师让来的烟，而无法给老师让烟，这种情况久而久之是让人很难为情的。于是有烟瘾的咨询师也开始只买方盒白三五抽，这样可以在烟场上与老师平等往来。于是在当时公司很快就形成了一个方盒白三五抽烟族。事情还没有结束，要知道老师在抽烟时使用长烟嘴的方式也是很让一些年轻咨询师羡慕和向往的，于是消息比较灵通的咨询师就到处寻找能够买得到长烟嘴、买得到 ZIPPER 打火机的地方。很快，原来的方盒白三五抽烟族就叼上了长烟嘴，用上了美国 ZIPPER 打火机。

（二）文化的舆论机制

中国人民大学杨杜教授认为社会文化的传播主要不是通过四书五经，不是通过官方的宣讲系统，而是通过外婆的故事、文人的诗篇、和尚的布道等非正式途径实现世代的传递。中国人民大学的包政教授通过一个真实的案例更加生动地证明了文化理念传播的常规渠道。

案例

男大当婚，女大当嫁

一群退休的老太太，整天没事可干，聚在街口，对所有过往的路人点评一二。街里的一位姑娘年方十八，每次路过，老太太们总要问人家姑娘找对象没有。本来姑娘正在读大学，一心读书，但经不起每次路过时的盘问，令人觉得找不到对象就成了老大难一样，一怒之下，找了个对象，这才免去了每日的盘问。谁知，清净了没多长时间，老太太们又开始盘问什么时候结婚。姑娘很不以为然，还不到二十，结什么婚，况且，谈恋爱就必然是为了结婚吗？老太太们盘问了几次后，自觉没趣，也不再盘问，但姑娘每次路过时总是感觉背后有人指指点点，似乎听到有人在讲自己疯疯癫癫，不像个正经女孩。于是一怒之下，结了婚给她们看看。姑娘以为结了婚总该清净了吧，不然，不到两月，老太太们又开始盘问："姑娘，怀孕了吗？"真是气死人，我们夫妻之间的事情关你们什么事？但老太太们并不介意，而且经常郑重地建议小夫妻俩到医院检查检查，看到底是谁的毛病。结婚不到半年，姑娘收到了老太太们不下十次的建议，于是，一气之下就怀上了孩子。

包政教授讲述的故事是天天发生在中国城市、村庄的真实事情，正是通过千千万万这样老太太不厌其烦的唠叨，中国传统的理念如"男大当婚，女大当嫁"、"不孝有三，无后为大"等价值理念实现了传播和传承。企业中的价值理念往往也是通过像退休的老太太这样没有正式职位的角色实现传播和传承的。

（三）文化的训练机制

模仿学习机制是一种类似于天性的东西，不需要强制力，人类社会群体不同角色之间确实存在这种机制。人们通过这种机制进行文化学习与传承，并不觉得痛苦或者不适，这是一种很好的、可利用的文化学习传播机制。

舆论推动机制是一种具有一定软约束的机制，社会中的个体因为受到集体强大的、高频率的舆论压力，必须接受一些既定的观点和观念，必须做出符合社会群体或集体要求的反应，即使个体主观上不情愿也要这样，舆论学习机制可以被视为半强制机制。

与前三种文化学习相对应，还有一种常用的文化学习机制，那就是强制训练机制。军队中对于新兵的训练是一种典型的军营文化强制训练机制。一群新兵，来自四面八方，有着各种各样的行为习惯，坐卧站立等都姿态各异，军营的新兵训练科目就是要在短时间内改变新兵中普遍存在的个体习惯上的差异性，培养行军打仗所必需的一致性。这种目标是无法通过模仿机制和舆论机制来完成的，至少是无法保证的，因为如果在学习新文化的同时必须摒弃一种旧习惯，这样的文化学习是一种特殊的、具有双重难度的学习，没有一定的强制力是难以实现的。

六、 文化的根本作用是适应环境

如前文所述，文化代表的是人类的习惯，是在人类适应环境过程中形成的成功经验，而文化的作用也是帮助人类更好地、更持久地适应环境，帮助人类持续成功。

例如，广州人喜欢喝凉茶，普遍流行一种凉茶文化。当地天气炎热，凉茶可以消渴败火，调节当地人的机体与气候相适应，使人少生病、精神清爽，可以帮助人们更好地度过漫长炎热的夏季。这是凉茶文化的作用。

例如，中国北方讲究“春捂秋冻”，也是一种历史悠久的传统养生文化，这种文化也是能够帮助北方人在春夏之交、秋冬之交减少疾病发生，保持身体健康。春天之所以要“捂着”，是因为北方的春天忽冷忽热、乍暖还寒，气温变化剧烈，捉摸不定，而人们的肌体由于经历了冬天长期的寒冷，血管大部分处在收缩状态，调节温度的系统功能还比较低，只有适当多穿些衣服，才能适应忽冷忽热的天气变化，避免感冒等呼吸系统疾病的发生。秋天则正好相反，气温变冷的速度没有那么快，而人体在经历了一个夏天的高温以后，血管大部分都处在扩张状态，调节人体温度的系统功能比较高，没有必要快速添衣加被，这样更有利于人的身体健康，更容易抵抗即将到来的漫长而寒冷的冬天。北方人深谙此道。

例如，北京人讲究“贴秋膘”。据说是因为古时候人们常以人体的胖瘦来判断一个人的健康状况，很多人夏天没有胃口，也就是人们常说的“苦夏”，经过了一个漫长的夏天，身体就变瘦了，所以随着秋天天气转凉，胃口好了，这时候就该补一补。并且，马上要进入冬天了，这个时候多吃点有营养的食物，增加脂肪厚度，可以帮助人们御寒。

还有中医文化中讲究三伏帖、冬病夏治等疗法，都源于人类过去的成功经验，而这些经验与文化也确确实实起到了帮助人们更好地适应环境的作用。

人类之所以能够在强手如林的自然界生存，依靠的不是超强的体能，而是文化的力量。

人类跟动物相比本身并无太多机体上的优势，论跑跑不过猎豹、羚羊；牙齿没有鲨鱼锋利；想飞又没翅膀；力气比不过大象、犀牛。到目前为止，除了人类的大脑最发达外，在其他所有领域里面，基本上都有优于人类的动物存在，那为什么人类可以在自然界中生存？

因为动物的生存主要靠本能，它的成功与否主要依靠它的天赋。如果一只羚羊生下来不会跑，跑得慢，那只有死路一条；如果鲨鱼嘴的颌骨力量不大，就不利于捕食，找不到食物，也就无法生存。而人类不一样，单个机体的天赋并不是最重要的，人类最重要的是靠文化，靠人类之间经验的不断传递、不断分享，一个人可以集成整个人类的成功经验，这是人之所以比其他物种强大的关键。一个人先天弱小、天性不足并不可怕，可以通过后天学习，通过文化传承而变得强大。人不仅可以通过文化来集结整个“人类”的成功经验，还可以集结其他“类”的成功经验。例如众所周知的“五禽戏”就是结合了动物界——虎、鹿、熊、鹤、猿的生存智慧。古人讲要坐如钟、站如松、行如风，人类连物品、生物和自然现象都可以学习。易经中的“五行”就是在对自然界中几个最具代表性的自然元素的研究基础上，集结出的文化，用来帮助人们更好地从事生产生活，适应环境。

在当今社会，人与人之间的竞争也是如此。生理上的天赋只是一个基础，而竞争制胜的关键是后天学到了多少文化，文化层次高的人比文化层次低的人更容易获得成功。

七、 无视文化的后果是灾难性的

文化的传承对于人类至关重要，这是人类能够强大的关键。无视前人遗留下来的文化，将会使人类变得软弱和无助，使人类沦为自然的奴隶和附庸。这样的例子历史上并不少见。

“文革”时期有一段时间提倡“以粮为纲”，为了快速提高粮食产量，我们违背自然规律、违背祖先遗训，把先辈们种植养护多年的果园砍掉，种成粮食；我们把荒山上的脆弱的草皮揭掉，也种成粮食；把湖泊填平改为耕地。于是无数的果园消失了、无数的青山消失了、无数的湖泊消失了，换来了大量实际上根本不适宜种植粮食的耕地。

我的家乡地处豫东平原，非常适合温带水果的生长。经常听父辈们讲，我们村子的周围曾经到处是果园，梨园、柿子园、苹果园、核桃园、桃园、杏园，每到春天的时候，到处是花香。夏天、秋天的时候，各种各样的水果次第成熟，到处瓜果飘香。但是，这些早已成为老人们遥远的记忆，成为年轻人梦里的故乡。一场“文革”，把所有的果树都砍掉当柴烧了，所有的果园都种上了粮食。经过了几十年的错误种植之后，如今我们当地的父老乡亲们又开始种上核桃、柿子等果树，因为他们发现“这个地方的水土气候特别适合种果树”，错了这么多年再回头，这中间付出的代价已难以估计。

同一时间，黄土高原坡地上原本就稀疏的草也全都被拔掉种了粮食，黄土高原的坡地比不上我们家乡的果园地，不但难以产粮食，而且一旦草皮被拔去，连水土都难以保持。现在去西北看看，可以发现甘肃、陕西很多地方的山外表光滑得像馒头一样，没有任何植被，更不要说树木。原本种点草还可以放养牛羊，现在连草都没有了。不仅如此，没有了草皮的保护，被雨水冲刷下来的黄土还经常会形成灾难性的泥石流，随时给人民的生命造成威胁。现在明白了“文革”时期的错误，很多地方正花费巨资、利用最先进的滴灌技术在光秃秃的山上种草，但是，拔掉容易种植难，不知道多少年以后甘肃、陕西的山才能变得绿起来。

例如，小说《狼图腾》中讲“文革”时期牧场的打狼运动，蒙古族祖先说打狼要适可而止，不能打尽。而“文革”时期人们不管这个传统，坚持赶尽杀绝，结果整个内蒙古都没有了狼，狼要么被打死，要么跑到外蒙古。结果导致当时整个内蒙古草原生态恶化——因为没有了狼，吃草的啮齿类动物就没有了天敌，大量繁衍的啮齿类动物吃光了草原上的所有草，结果牧民们的牛羊没有了食物。这就是不尊重文化的结果，所以中国有句老话说：“不听老人言，吃亏在眼前。”

“文革”时期这样的故事不胜枚举。我们推毁了几乎所有城市的古城墙，填埋了很多城市的水系工程，把原来的地方修成大马路，几十年后我们到了平遥古城、到了乌镇水乡，忽然发现原来的古城也是很不错的，城市中保留一些水系会让城市更有味道。于是，我们的很多城市又开始花费巨资修补，更准确地说是重建原本只剩下断壁残垣的古城墙，开始把马路挖开，恢复原来的城市水系。试想一下，如果我们在当初决策时，稍微尊重一下祖先的文化传统，静心学习理解一下祖先的各种经验和做法，也不至于这样来回折腾，不至于干出那么多让人啼笑皆非的荒唐事。

所以说，文化最主要的作用是承载着人类的成功经验，帮助人类更好地适应环境——这是文化的核心作用。

文化的陷阱

文化是特定环境下的成功经验，这种经验的有效性与所在环境密切相关。当环境较为稳定的时候，以往的经验和文化会起作用；但当环境发生变化的时候，以往的经验就会面临部分失效或者全部失效的情况，这个时候，文化就会成为适应新环境的阻碍，所谓过去的成功经验往往是未来的陷阱。

坐以待毙的蜜蜂

美国康奈尔大学的威克教授曾做过一个有趣的实验：他将一只瓶子平放在桌子上，瓶的底部向着有光的一边，瓶口敞开，然后放进几只蜜蜂。只见这些蜜蜂在瓶内纷纷朝着有光亮的地方飞去，但瓶底挡住了它们。经过多次飞行后，这些蜜蜂终于发现，它们永远无法从瓶底飞出去，于是，它们只好认命。在多次的碰壁飞行之后，最后奄奄一息地停留在光亮的瓶底，听天由命。接着，威克教授把蜜蜂倒出来，将瓶子按原样放好，再放进去几只苍蝇。这时情况不同了，没过多久，瓶内的苍蝇一只不剩地全都从瓶口的方向飞了出来。这是什么原因导致的呢？

在同样的条件下，为什么苍蝇能够找到出路而蜜蜂却只能坐以待毙？蜜蜂以为，“囚室”的出口必然在光线最明亮的地方，它们不停地重复着这种合乎逻辑的行动。对蜜蜂来说，玻璃是一种超自然的神秘之物，它们在自然界中从没遇到过这种突然不可穿透的大气层，而它们的智力越高，这种奇怪的障碍就越显得无法接受和不可理解。加之蜜蜂采蜜所形成的高度专一性特质（每次出巢采集只到某一蜜粉源田中采集同一种鲜花，绝不见异思迁，随意改变采集品种）使其一条道走到黑，即使面对无法逾越的瓶底也绝不回头。而对事物的逻辑毫不留意的苍蝇，全然不顾光亮的吸引，加之苍蝇的生长条件较为恶劣，四下乱飞，结果误打误撞地碰上了好运气。这些头脑简单者总是在智者消亡的地方顺利得救，并因此获得自由和新生。

在这个有趣的实验中，同为昆虫的蜜蜂与苍蝇，同样身临绝境，由于各自的生活惯性不同，其命运也就截然不同。

农业文明的没落

翻开中国地图，凡是现代所谓的落后地区几乎都是历史上农业最发达地区。原来富庶的河南商丘、周口现如今穷得叮当响；陕西八百里秦川，原是中国农业最发达的地方，但现如今 GDP 怎么也不见长。再看看浙江，浙江农业最发达的地方应属湖州，曾经有“苏湖熟，天下足”，作为天下粮仓，只要湖州丰收，全国就不会有饥荒的危险。而如今，湖州的 GDP 却成了当地政府的心病，原来的佼佼者已经开始没落了。

案例

没落的“贵族”——湖州

湖州地处浙江西部，气候温和，东部平原地区，湖河港汊纵横密布，土质丰腴，是著名的水乡和鱼米之乡，曾有古谚道“苏湖熟，天下足”。自唐宋以来，湖州就是全国的主要产粮区。新中国成立前，湖州曾经是浙江仅次于杭州的城市，而今在浙江11市中位列第8（具体如表2－1所示），甚至连金华市下面的的义乌市都可与之争锋。

其中的原因何在？虽然有历史时局的因素在里面，但是不排除湖州人在长期农业生产环境中所形成的文化——“僵化保守、不思进取”的影响，在市场经济来临时变得不适应，或适应太慢，最终没落。相反，温州市与义乌市原本穷得叮当响，农业资源条件匮乏，务农连肚皮都喂不饱，更谈何养家。迫于生计，当地人只能另辟蹊径——经商。在市场经济的大潮中，他们如鱼得水。原来属于农业文明时期的非主流文化，但是在实行市场经济之后，马上成为主流文化，而农业文化沉淀最厚的地方反而成长不起来。

群体生存的环境可能突然从正常状态变得不可预期、不可想象、不可理解，群体中的“蜜蜂”，如果固守原有的文化，随时会撞上无法理解的“玻璃之墙”，而最终等待他们的是禁锢自己的“囚室”。

表2-1 浙江省各市GDP排名（2001-2012）

排名		2001	2002	2003	2004	2005	2006	2007	2008	2009	2010	2011.00	2012
1	杭州市	1568.01	1781.83	2099.77	2515.00	2918.61	3440.99	4103.89	4781.16	5098.60	5946.00	7011.80	7803.98
2	宁波市	1312.69	1500.34	1786.85	2109.45	2449.31	2864.49	3433.08	3964.05	4214.60	5383.00	6010.48	6524.7
3	温州市	932.08	1060.97	1226.44	1388.91	1596.35	1834.38	2157.00	2424.29	2527.80	2945.00	3350.87	3650.06
4	绍兴市	822.54	928.15	1089.28	1313.87	1484.00	1678.19	1971.00	2222.95	2375.40	2833.00	3291.23	3620.1
5	台州市	747.51	858.31	995.03	1173.79	1247.43	1467.48	1722.89	1965.27	2025.40	2401.00	2794.91	2927.34
6	嘉兴市	604.26	706.43	858.03	1002.41	1159.66	1343.10	1585.18	1815.30	1917.90	2290.00	2668.06	2884.94
7	金华市	597.34	680.41	801.60	925.59	1063.54	1228.57	1462.45	1681.15	1765.90	2053.00	2447.71	2700.12
8	湖州市	385.00	422.50	490.75	550.49	644.25	760.89	895.94	1034.89	1111.50	1309.00	1518.83	1661.97
9	衢州市	176.28	200.31	233.73	280.46	329.11	383.88	468.18	580.05	617.50	734.00	890.29	982.75
10	丽水市	158.97	185.10	220.29	264.57	300.31	353.24	425.26	505.68	542.00	658.00	784.37	885.17
11	舟山市	126.69	146.01	172.27	231.27	280.16	333.20	407.00	490.25	533.20	630.00	765.30	851.17

电商时代的门店

在中国做商业零售，拥有门店的位置、面积、数量等往往是决定一家零售企业实力的关键因素，这一点在中国的电器零售行业表现得尤为突出。大中电器、国美电器、苏宁电器等前几年为了扩大自己的市场份额都在不断地增加自己的门店，不断地扩大门店的规模。曾几何时，在北京这样的城市，谁占有了二环、三环边上优越地理位置的门店，谁就能够成为所在区域销售的霸主，当年大中电器中央电视塔门店和马甸门店就打造了多年地区零售霸主的神话。所以，零售业曾有句话："得门店者得天下"。

但是，时光荏苒，一切都在变化，电子商务的出现悄悄地改变着这一切，淘宝、天猫、京东商城、亚马逊、当当网等电商来势凶猛。随着中国家庭轿车数量急剧增加、城市交通日渐拥挤、购买人群日益年轻化、网络技术日渐成熟，忽然有一天，天猫的日销售额达到了惊人的191亿元。这时候人们才发现，现在的消费者，特别是年轻人，已经不再热衷于在实体店购买东西，而是在实体店里挑选、体验，在电子商店里购买。于是，传统零售商每年花费重金租来的门店，渐渐地被消费者变成免费的体验店，成为电商义务的展示店。随着电商的持续发展，可以预料这样一个基本趋势：零售门店在未来将成为很多商家的沉重负担，拥有的越多，负担就越重；相反，没有门店拖累的年轻电商将超越传统的电器零售商，在成本上更具有竞争优势。

春节文化与春运困境

春运的问题解决了几十年，铁路里程不断增加、火车速度不断提速、车与车之间的运行间隔越来越短、综合运力越来越强，但是，春节时一票难求的春运问题至今仍然无法解决。

实际上，春运问题根本不是一个技术问题，而是一个文化问题。我们原来在农耕时期形成的春节团圆文化在当今人口高度流动的市场经济中，已经不再适应。

过去大家都在自己家门口劳作、就业，春节的时候一家人在一块聚一聚，喝喝酒、聊聊天、走亲访友，不存在大规模长距离的迁徙问题。现在大部分人都背井离乡，农村人跑到城市，这个城市的人跑到那个城市里去。例如，在北京工作的这几千万人当中没有多少是本地人，这从春节北京街头的车流量就可以看到，北京平时堵车堵得非常厉害，但到了大年初一路上就没有几辆车，畅通无阻。其实不只北京，像杭州、海口、长沙等这样的省会城市春节期间路上的人流也非常少，因为很多人都不是本地人，都回老家去了。中国目前这一现状，跟快速的城市化建设及大部分人异地就业有关，这是一个传统思路解决不了的问题，只能通过改变文化来解决。例如，以后可不可以换一种方式来过春节？可不可以改变一些思路，不回老家？如果不去改变，一年一次的春节就变成“春劫”，有条件的人还稍微好一点，可以乘飞机、乘高铁，可以坐一等座，但更多的人是什么状况呢？农民工是什么状况呢？排几天的队买到一张无座的票，长途跋涉，睡在火车的厕所里面，或者某一个犄角旮旯里面，睡一天两夜，赶到家里面，还没喝上两顿酒又像回去的时候一样痛苦地折腾回来。

春节对大部分中国底层的人士来讲，成了一年一度的痛苦体验，这种文化已经不再适合现在的环境，环境已经改变，所以文化也需要做出改变。

第三章
企业文化到底是什么

20 世纪 70 年代以来，人们对于企业文化的热情几乎没有衰退过，越来越多的管理者和管理理论的研究人员认识到企业文化的重要性，并撰写了大量有关企业文化的书籍。《财富》杂志评出的全球 500 强企业都有着优秀的企业文化，500 强的评委也一致认为企业成功的关键在于文化。GE 公司前任 CEO 杰克 · 韦尔奇认为，文化是永远不能被替代的竞争因素，企业靠人才和文化取胜。这一点，已成为众多企业的共识。但是，对企业文化的定义却是众说纷纭，没有定论。

一、“说不清”的企业文化

正如文化的定义纷繁复杂一样，企业文化的定义也是众说纷纭，莫衷一是。几乎每一个研究企业文化的学者都会根据自己的理解给出一个企业文化的定义。有人曾统计过国内外企业文化的定义总数量，共有400种之多。

美国学者威廉·大内《Z理论——美国企业界怎样迎接日本的挑战》一书是企业文化研究初期的代表作，他认为：“企业文化就是守势、进取和灵活性，即确定企业行为方式的价值观。”

另两位美国学者特雷斯·迪尔与阿伦·肯尼迪在其合著的《企业文化》中指出：“企业的文化应该有别于企业的制度，企业文化有自己的一套要素，即价值观、英雄人物、典礼及仪式、文化网络。这四个要素的地位和作用分别是：①价值观是企业文化的核心；②英雄人物是企业文化的具体体现者；③典礼及仪式是传输和强化企业文化的重要形式；④文化网络是传播企业文化的通道。”

美国著名社会学家埃德加·沙因在其《企业文化生存指南》一书中指出：“企业文化是由一些基本假设所构成的模式，这些假设是由某个团体在探索解决对外部环境的适应和内部的结合问题这一过程中所发现、创造和形成的，为大多数成员所认同，并用来教育新成员的一套价值体系，包括共同意识、价值观念、职业道德、行为规范和准则等。”

约翰·科特和詹姆斯·赫斯克特在《企业文化与经营业绩》书中指出：“所谓‘企业文化’通常是指一个企业中各个部门，至少是企业高层管理者所共同拥有的那些企业价值观念和经营实践。”

西方的企业文化理论从20世纪80年代后期开始传入我国，引发了国内学者的关注，并就企业文化展开了深入研究。中国企业文化研究会原常务理事长张大中先生认为：“企业文化是一种新的现代企业管理理论，企业要真正步入市场，走出一条发展较快、效益较好、整体素质不断提高和经济协调发展的道路，就必须普及和深化企业文化建设。”原文化部常务副部长高占祥先生认为：“企业文化是社会文化体系中的一个有机重要组成部分，它是民族文化和现代意识在企业内部的综合反映和表现，是民族文化和现代意识影响下形成的具有企业特点的群体意识以及这种意识产生的行为规范。”陈佳贵在其主编的《企业管理学大辞典》中解释：“一个较为完整、准确和科学的企业文化的概念应包括以下几个基本点：①文化背景。企业文化是社会文化一定程度上的缩影，是企业在建立和发展过程中逐步形成并且同趋稳定下来的文化积淀。②实体内容。企业文化应包括企业价值观、企业精神以及以此为主导的企业行为规范、道德准则、生活信念和企业风俗，及在此基础上形成的企业经营意识、经营指导思想、经营战略等。③复合形态。企业文化应包括三种基本形态：观念形态文化、物质形态文化和制度形态文化，企业文化是这三个层次的复合形态。④功能形态。企业文化的功能赖以发挥的关键，在于企业生产经营中生成的社会群体文化氛围和心理环境。”

学者刘光明在其专著《企业文化》中指出：“企业文化是一种在从事经济活动的组织之中形成的组织文化。它有广义和狭义两种理解。广义的企业文化是指企业所创造的具有自身特点的物质文化和精神文化；狭义的企业文化是企业所形成的具有自身个性的经营宗旨、价值观念和道德行为准则的综合。”中国人民大学著名管理学专家彭剑峰教授对企业文化这样理解：“企业文化是在一家企业的核心价值体系基础上形成的，具有延续性的、共同的认知系统（即形成组织效能的群体意识形态）。”华南理工大学陈春花教授在其出版的《从理念到行为习惯：企业文化管理》中指出：“企业文化是指企业在实践中，逐步形成的为全体员工所认同、遵守、带有本企业特色的价值观念、经营准则、经营作风、企业精神、道德规范、发展目标的总和。”清华大学张德教授在其编撰的《企业文化》一书中将企业文化划分为三个层次：符号层，作为企业文化的外在表现和载体；制度层，约束和规范符号层及观念层的建设；观念层，是企业文化的核心和灵魂。

纵观国内外专家学者的各式定义，可以发现，关于企业文化的定义普遍存在两个典型问题：第一，定义形式较为抽象，不易记忆和理解，埃德加·沙因是此类定义的代表。他所使用的诸如“模式”“范式”等词汇实际上并不比企业文化本身更容易理解，对于什么是企业文化一头雾水的读者而言，用来阐述企业文化的“模式”更是使其无法理解。诚然，企业文化确实是一个非常抽象的概念，我们只有给予其一个浅显通俗的解释才能够让大多数人理解。第二，定义过于宽泛，几乎无所不包，类似于“企业文化是……的综合”的描述便是此类定义的代表。这类定义使企业文化涵盖内容过多，成了无所不装的筐，以至于很难使读者对企业文化有一个整体的轮廓，也难以把握企业文化的重点，现实中更不知从何处着手。

对于企业文化定义的困境，一方面直接影响企业文化建设的实践，过于艰涩难懂的定义使不少企业家感到自身没有“文化”，无法真正理解“企业文化”，对之望而却步；另一方面，过于宽泛的定义让很多企业家产生某种错觉，认为企业文化就是一个筐，什么东西都可以往里装。理论上说起来非常重要，但现实中却不知如何着手，最后往往都不了了之。这是现实中企业文化建设的典型现状。

二、 企业文化再定义

按照前面笔者对文化的定义，企业文化可以定义为员工共同的思维习惯和行为习惯。从逻辑上说，这种定义似乎没有太大问题，思路相对严谨，表达也较通俗，应该称得上是一个不错定义。但是，这样定义企业文化会犯与前面第二类定义一样的毛病，即把企业文化的外延放大了，难以聚焦和突出重点，也难免会碰到同样的困境。

对此，我们不妨换个角度去思考，先从企业文化的作用去思考：我们为什么要关注企业文化？企业文化在企业发展过程中发挥什么作用？

从文化的普遍作用来看，文化是为了帮助其载体更好地适应生存环境，那么企业文化也应该是这种作用，即帮助企业更好地适应生存环境。那么，企业面临着的是一种什么样的生存环境呢？

从普遍意义上讲，现代企业是市场经济的产物，当然计划经济或者混合经济也有企业，但是为简单起见，我们把市场经济作为现代企业生存的典型环境。实际上也确实是这样，市场经济环境应该是当前全球大部分企业所面临的典型的生存环境。这一点需要大家首先达成共识。虽然也有不少企业面临的是计划或其他非市场经济环境，但那只是一种例外，并不具备广泛的代表性；

虽然中国的经济环境市场化程度还远远不够，但是中国的经济越来越市场化是一种不可逆转的趋势。

市场经济环境是一种在特定法律框架下的平等、自由的竞争环境，只要不违反法律，每家企业都有参与市场竞争的权利和机会，垄断和特权是违法的、不受保护的。从理论上说，任何一家企业，要想在市场经济环境中生存下去，必须能够持续地适应竞争，必须能够在竞争中持续保持优势，这是市场经济环境中企业生存必备的条件。

企业在市场经济环境中依靠什么在竞争中胜出？前面已有阐述，不能依靠垄断和特权，即使中国目前的经济中仍存在着一定程度的垄断和特权，但这只是改革尚不完善的表现，绝不是企业长期生存下去的依靠。

一家企业要想在平等、自由的市场经济中长期生存下去的唯一依靠是效率，正如著名管理学大师彼德·德鲁克指出的："产业社会唯一的法则是效率法则。"所谓的效率，通俗地讲，就是用最少的资源（土地、资本、人力等）创造最大的价值。只有始终保持高效率的企业才能够在市场竞争中立于不败之地；否则，无法创造有价值的产品或提供有价值的服务，企业将被顾客抛弃；达不到一定的利润水平，企业将被资本抛弃；不能提供有竞争力的薪酬，企业将被员工抛弃；不能够支付有竞争力的租金，企业将被业主驱逐。企业要想让所有的利益相关方满意并持续将企业办下去，没有其他出路，唯有始终保持高效率。用马克思式的思维理解就是，唯有高效率，才有剩余价值；唯有产生剩余价值，才能让各方满意。

分析到这里，我们再回到对于企业文化作用的认识：**帮助企业更好地适应生存环境是企业文化的核心作用，而对企业来讲，适应生存环境的唯一方式是保持高效率**。所以，帮助企业更好地提升效率并保持高效率应该是企业文化作用更为具体、更为准确的表达。效率，是企业文化与企业生存之间的关键连接词，也是企业文化区别于其他组织文化的关键特点。可以说，效率是企业文化最有价值的特质，优秀的企业文化一定是高效率的文化。

综上分析，我们可以把企业文化定义为：**企业员工队伍中与效率相关的习惯**。这个定义与“企业文化是员工队伍的习惯”的定义相比，大大减少了习惯所覆盖的范围，可能不够严谨，但却可以真正聚焦问题，使企业文化问题真正回归到企业家深切关注的管理现实中。企业家最关注效率，因为企业家处在各利益相关方的矛盾点，是协调企业中利益相关各方的中枢，企业家感到唯有保持高效率才能够让各方共赢，才能够让企业持续。同时企业家感到，企业中存在一种看不到、摸不着的东西，这些东西既不属于企业能力的范畴，也不属于企业资源的范畴，但却深刻地影响着企业的效率和绩效，这些无形的东西就是企业文化，这是企业家真正关注的。

三、 优秀企业的高绩效文化

其实从实践的角度看，我们可以得出同样的结论，企业文化是企业员工队伍中与效率相关的习惯。

我们看看世界著名企业的文化与效率的关联性。

首先我们看看 IBM 的企业文化。IBM 的企业文化简单来讲主要有三条：尊重个人、服务客户、追求卓越。托马斯·沃森曾经把这三条用一本书（《一家企业的信念》）的篇幅来解释，我们来看看沃森对于这三条价值观的解释。

案例

IBM 的企业文化

第一条准则：尊重个人

沃森家族的人都知道，公司最重要的资产不是金钱或其他东西，而是员工，自从 IBM 公司创立以来，就一直坚持这条信念。每一个人都可以使公司变成不同的样子，所以每位员工都认为自己是公司的一分子，公司也试着去创造小型企业的气氛。分公司永保小型编制，公司一直很成功地把握一名主管管辖十二个员工的效率。每位经理人员都了解工作成绩的尺度，也了解要不断地激励员工士气，有优异成绩的员工就获得表扬、晋升、奖金。在IBM公司里没有自动晋升与调薪这回事，晋升调薪靠工作成绩而定。一位新进入公司的市场代表有可能拿的薪水比一位在公司工作多年的员工要高。每位员工以他对公司所贡献的成绩来核定薪水，绝非以资历而论。有特殊表现的员工，也将得到特别的报酬。

自从IBM公司创办以来，公司就有一套完备的人事运用传统，直到今天依然不变。拥有40多万员工的今日与只有数百员工的昔日，完全一样。任何一位有能力的员工都有一份有价值的工作。在将近50年的时间里，没有任何一位正规聘用的员工因为裁员而失去1小时的工作。IBM公司如同其他企业一样也曾遭遇不景气的时候，但IBM都能很好地计划并安排所有员工不致其失业。IBM成功的安排方式是再培训，而后调整新工作。例如在1969年到1972年经济大萧条时，有1.2万IBM的员工，由萧条的生产工厂、实验室、总部调整到需要他们的地方。有5000名员工接受再培训后从事销售工作、设备维修、外勤行政工作与企划工作，大部分人反而因此调到了一个较满意的岗位。

有能力的员工应该给予具有挑战性的工作，以便让他们回到家中，回想一下他们做了哪些有价值的事。当他们工作时能够体会到公司对他们的关怀，愿意为公司的成长贡献自己的力量。IBM公司有新岗位时永远在自己公司员工中挑选人来担任。如果一有空缺就从外界找人来担任，那么对那些有干劲的员工是一种打击，而且深受挫折、意志消沉。IBM公司有许多方法让员工知道，每一个人都可使公司变成不同的样子，在纽约州阿蒙克的IBM公司里，每间办公室、每张桌子上都没有任何头衔字样，洗手间也没有写着什么长官使用，停车场也没有为长官预留位置，没有主管专用餐厅。总而言之，那是一个非常民主的环境，每个人都受人尊敬。

IBM公司的管理人员对公司里任何一名员工都必须尊重，同时也希望每一位员工尊重顾客，即使对待同行竞争对手也应同等对待。公司的行为准则规定，任何一位IBM的员工都不可诽谤或贬低竞争对手。销售是靠产品的品质、服务的态度，推销自己产品的长处，不可攻击他人产品的弱点。

第二条准则：服务顾客

为了让顾客感觉自己是多么重要，顾客有任何问题，一定在24小时之内解决，如果不能立即解决，也会给予一个圆满的答复。如果顾客打电话要求服务，通常都会在一个小时之内就会有人去服务。此外，IBM的专家们随时在电话旁等着提供服务或解决软件方面的问题，而且电话由公司付账。此外通过邮寄或专人送零件等服务，来扩大服务范围。IBM公司还要求任何一个IBM新零件，一定要比原先换下来的好，而且也要比市场上同级产品好。服务的品质取决于公司训练及教育，在这方面，IBM已经在全球分公司投下了大量的钱财，所提供的训练与教育是任何公司无法比拟的。相信在IBM公司受训所花费的时间超过任何一所大学的授课时间。每年，每一位IBM的经理要接受40个小时的训练课程，而后回到公司教导员工，有时甚至定期邀请顾客前来一同上课。经营任何企业，一定要有老顾客的反复惠顾才能使企业成长，一定要设法抓住每一位顾客。最优异的顾客服务是能使他再来惠顾才算成功。

第三条准则：追求卓越

无论是产品还是服务要永远保持完美无缺。当然完美无缺是永远不可能达到的，但是目标不能放低，否则整个计划都受到影响。公司设立一些满足工作要求的指数，定期抽样检查市场以设立服务的标准。从公司挑选员工计划开始就注重优异的准则，IBM 公司认为由全国最好的大学挑选最优秀的学生，让他们接受公司的密集训练课程，必定可以收到良好的教育效果，日后定有优异的工作表现。为了达到优异的水准，他们必须接受优异的训练，使他们有一种使命感，一定要达到成功。IBM 是一家具有高度竞争环境的公司，它所营造出来的气氛，可以培养出优异的人才。在 IBM 公司里，同辈竞相争取工作成绩，又不断地强调教育的重要性，因此每个人都不可以自满，都要努力争上游。每个人都认为任何有可能做到的事，都能做得到。这种态度令人振奋。

IBM 的三条价值观是 IBM 文化的精髓，其中每一条都是与企业家关注的绩效和效率密切相关：尊重个人，表达了 IBM 对企业中人的要素的重视，这种重视是相对于财与物的。托马斯·沃森认为，在 IBM，最重要的资产是人才，人才是最具创造力的因素，也是保持企业高绩效的关键，这种看法与 IBM 所在的行业是极其吻合的；服务顾客，是市场经济中所有企业都必须遵循的。因为顾客是企业的衣食父母，为企业提供最重要的财务资源，企业的经营管理活动只有符合顾客需求的方向，企业的绩效才可能为正；追求卓越，其字面上的意思就表达了一种对于高标准、高绩效的追求，每个员工如果都能做到追求卓越，IBM 自然会是高绩效的企业。

其次，我们看看著名的《惠普之道》的基本内容：

惠普认为，一个组织要实现最大限度的效率和成功，其必要条件包括挑选现有最能干的人负责组织内部的每一项任务。特别是在进展速度很快的技术型企业里，必须实行和保持一项持续的教育计划，并在各个层次都鼓励高度的创新热情。为此，至关重要的是要在公司内创造一种环境和氛围，使人们有可能尽其所能，充分发挥潜力，并因取得成就而得到认可。

惠普既强调团队协作，又容忍个人的不同个性，员工与公司分享一切，使公司建立在一支稳定而又有献身精神的员工队伍基础上。要实现公司的目标，必须得到公司各层员工的理解和支持，允许他们在实现目标中有灵活性（如惠普实行灵活的上班时间），帮助公司确定最适于其运作和组织的行事方式。

惠普之道作为惠普公司多年来宣传的核心企业文化，其实就是惠普的企业家对于如何获得最高效率和成功的必要条件的思考。惠普认为，只有挑选现有最能干的人负责组织内的每一项任务，并相信他们，支持他们按照自己认为有效的方式进行工作，才能获得高效率。

图3－1　《一个企业的信念》（左）及《惠普之道》（右）

我们再来看看国内最负盛名的华为的企业文化。在全球化运营的发展时期，华为真正的企业文化在于其核心价值观。华为2012年总结的“以客户为中心，以奋斗者为本”的企业文化，具体可以简单阐述为以下6条：

（1）成就客户：为客户服务是华为存在的唯一理由，客户需求是华为发展的原动力。

（2）艰苦奋斗：华为没有任何稀缺的资源可依赖，唯有艰苦奋斗才能赢得客户的尊重和信赖。坚持奋斗者为本，使奋斗者获得合理的回报。

（3）自我批判：只有坚持自我批判，才能倾听、扬弃和持续超越，才能更容易尊重他人和与他人合作，实现客户、公司、团队和个人的共同发展。

（4）开放进取：积极进取，勇于开拓，坚持开放与创新。

（5）至诚守信：诚信是华为最重要的无形资产，华为坚持以诚信赢得客户。

（6）团队合作：胜则举杯相庆，败则拼死相救。

华为的两条核心文化“以客户为中心、以奋斗者为本”和六条具体的文化理念，每一条都与绩效直接关联，都会强烈地影响华为的绩效，其中“以客户为中心”和 IBM 的“服务顾客”是同一个意思；“以奋斗者为本”和 IBM 的“尊重个人”一样；“自我批判、开放进取”和 IBM 的“追求卓越”相似。“至诚守信”和“团队合作”是关于内外协同效率的取得，后面会详细说明其与效率之间的关系。

再看看作为新型企业代表的京东商城的企业文化。京东商城新发布的企业文化核心理念有五条：客户为先、学习创新、激情工作、团队合作、诚实守信。按照刘强东的意思，这五条核心价值观的每一条都关系到京东商城的整体效率和企业竞争力。为说明企业文化对于企业绩效的重要性，刘强东还专门发明了一个管理模型——“刘三角”作为支撑（如图 3－2 所示）。

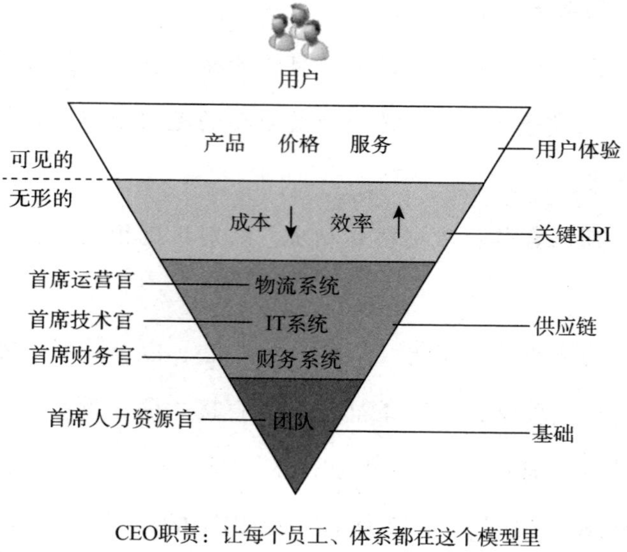
用户
产品 价格 服务
用户体验
可见的
无形的
成本↓ 效率↑
关键KPI
首席运营官
物流系统
首席技术官
IT系统
供应链
首席财务官
财务系统
首席人力资源官
团队
基础
CEO职责：让每个员工、体系都在这个模型里

图3－2　刘三角管理模型

四、 企业文化的变革

当一家企业所处的环境发生变化，倒逼其文化必须发生变革的时候，如果企业不能够积极响应变革要求，其文化就会逐渐丧失环境适应性，直到最后被环境淘汰。所以，任何一家企业，要想在变化的环境中保持持续的适应能力，就必须根据环境变化，持续地、主动地对企业的文化进行变革，这不但是保持企业竞争力的要求，也是其基本生存的要求。

（一）文化变革的阻力

企业在进行文化变革的时候普遍会面临两个层面的障碍，一个是利益层面的障碍，因为企业文化变革往往意味着原有利益格局的调整，原有利益格局的受益者肯定会从自身利益角度反对企业变革；另外一个是技术层面的障碍，即学习性焦虑。当人们要放弃原有的信念和习惯，进而引入和培养新的理念和习惯的时候，都会面临这种学习性障碍。人们待在过去的信仰和习惯中是最舒服的，无论是心理上还是生理上都是这样，因为过去的信仰和习惯能够给人们一种稳定的、可靠的预期，能够在变化的、不稳定的环境中给人一种稳定感和安全感。而人们一旦脱离原有的信念和习惯，心理上的不安全感以及随后的焦虑感就会产生，这种心理上的焦虑感还会引发生理上的不适应。这种情况是难以避免的，也是文化变革过程中必须应对和克服的。

对于企业变革中的利益调整，企业领导人需要用集体利益和长远利益来统一所有企业成员的思想，需要所有的企业成员为企业的长远利益和全局利益做好付出的心理准备。对于在文化变革过程中当期利益受损的企业成员，企业领导要考虑用企业的当前利益或未来利益给予适当的补偿，从而尽可能减少因为企业文化变革而给企业的局部成员带来超出承载能力的损失。要避免把企业文化变革的成本集中由个别企业成员承担的情况出现，这样只会加大企业文化变革的阻力，甚至会导致企业的分裂。

对于企业成员学习性焦虑的克服，需要企业在变革的时期营造一种宽松的、鼓励创新和尝试的氛围，需要企业成员之间深入的、及时的、大范围的、持续的沟通和理解。当大家都能够全面、及时地了解变革的进程和方向安排，并不断地获得变革的最新进展时，企业成员的焦虑程度就会有效地降低。另外，轻松的非正式娱乐活动在变革时期也是比较有效的缓解焦虑的手段。企业文化变革过程是一个学习的过程，企业成员放弃了原有的成功经验，开始以尝试的心态应对新的环境。失败是必然的，成功是偶然的，只有在不断地尝试、不断地试错过程中，企业才能够渐渐获得关于如何适应新环境的相关信息，积累相关的经验，建立企业新的文化。

（二）文化变革的通用模式

鉴于新思维、新文化的建立需要一个难以把控的探索过程，为了谨慎起见，很多企业在进行新文化探索的时候，往往不会全面展开，减少不必要的变革风险和变革成本。较为常见的变革操作思路是在企业中建立平行的学习系统，即建立试验区。

像中国的市场经济改革一样，在改革的初期并不是全面展开，而是先建立特区试点，各项改革政策先在深圳、珠海、汕头、厦门这四个经济特区进行试点，等到试点地区取得了成功、积累了经验再逐步在全国展开。中国市场经济改革的成功，在很大程度上得益于这种建立平行的学习体系的改革模式。企业的管理变革也是这样，当年宝洁公司想推行基于Y理论的管理变革，最初并不是全面推行，而是选择在其中的一家奥古斯塔工厂进行管理变革，等到奥古斯塔工厂的管理变革取得成功以后再逐步复制到其他工厂，最后覆盖全公司。

建立平行的学习系统是处在变革中的企业调和稳定与变革双重目标的一种必需措施，因为即使处在变革中的企业也必须保证企业的基本稳定，否则就会因为变革带来企业的震荡。而仅仅有稳定也是不行的，面向未来企业必须寻找到适应未来的新的文化，试验区就承担了探索未来的责任。这样一种方法，既能够保证当前的基本稳定，又能够为未来变革进行积极的准备，两者缺一不可。

（三）亚文化的价值

当环境变得日益复杂的时候，企业中同时存在两种以上的多元文化，或者说，在主流文化之外，存在一定程度的亚文化，对于企业的长期可持续生存及发展非常有必要。人类组织的发展历史证明，很多时候，往往是一个组织中原来文化中的一种叛逆因素最后拯救了整个组织，并把组织带向一个新的境界和高度。

在IBM，曾经广泛流传着一个关于“野鸭子”的故事，这个故事源于丹麦哲学家克尔凯郭尔。他讲述了这样一个故事：一个居住在新西兰海边的人，总是喜欢在每年深秋转冬时，一个人注视着野鸭子成群结队地向南方飞去。他觉得这些野鸭子很可怜，于是在附近修筑了一片池塘，并准备了一些鸟食，希望野鸭子可以免去迁徙生活的劳顿。不久，有些野鸭子在每年深秋的时候不再辛劳地飞往南方，而是在这个人准备的池塘里过冬。渐渐地，越来越多的野鸭子来到这个池塘居住。它们不用再为生活发愁，也不用担心会被冻死或者是饿死。就这样，三年过去了，野鸭子变成了十足的家鸭，臃肿而懒散，再也不能展翅高飞。在这个故事的最后，克尔凯郭尔留下了这样的名言：“野鸭子或许能被人驯服，但是一旦被驯服，野鸭就失去了它的野性，再也无法在辽阔的天空自由翱翔了。”

企业成熟的主流文化就像被驯服的野鸭子一样，主流文化愈强势，企业适应多变环境的能力愈小。试想一下，一群被驯服后的野鸭子和一群没有被驯服的野鸭子，哪一个群体更具有强的适应能力呢？结论是毫无异议的，但很多企业往往容易犯这方面的毛病，喜欢强调文化上的整齐划一，喜欢同心同德、步调一致，对于企业中文化上的“异类”难以容忍，这样的结果往往会使整个企业处在整体倾覆的边沿而没有挽回的余地。相反，如果企业中容许主流文化之外的非主流文化存在，并给予一定的空间，当主流文化遭遇困境，面临倾覆的时候，企业中原先的非主流文化往往会成为企业生存下去的救命稻草，成为企业走向未来的关键力量。

从上述角度讲，一个有生命力的组织的领导一定要拥有足够的包容性，要能够容许组织中多元化的文化存在。只有这样，一个组织才会出现东方不亮西方亮，百家争鸣、百花齐放的繁荣景象。

企业文化的核心是高绩效文化

……

回到企业文化的原点

企业文化的核心定位于绩效文化，从企业的最基本命题来思考，也会得出相同的答案。因为企业区别于其他组织的本质特征是功利性，企业的功利性首先在于能够为他人带来什么，即其基础是企业的价值创造能力。

因为企业生存于市场经济体系中，市场经济的基本规则是投入决定回报，企业要获得自己的生存价值和生存空间只能通过竞争来取得，企业之间的生存竞争本质上是效率的竞争，而效率的客观表现是绩效。因为企业是通过经营行为满足客户的需要，来实现自己的功利目标的，并通过管理来提升效率实现盈利目标的最大化。企业的盈利目标能否实现，企业能否持续地生存和发展，在于企业内部成员的价值创造能力，即员工持续的高绩效行为。

企业内部管理所产生的效率成为关键要素，因为唯有高效率，才能降低单位产品的成本，产品才具有价格上的相对优势，企业才会有足够的利润空间。唯有高效率，才能先于竞争对手发现并满足客户的需求。唯有高效率，企业才能为客户提供全方位的服务。效率的竞争永远是市场竞争的主旋律。

如何产生高效率？高效率来自于企业的简约、流程的畅通、工艺的改进、工作的熟练、员工的职业化，而这些都可归结为企业的内部管理。一家低效率的企业无法在市场上长期立足，除非它是垄断企业；没有高效和有效的管理就不可能有高效率。

企业有前途、工作有效率和个人有成就，是企业的三个最初始的命题，效率（或称绩效）永远是问题的关键和核心。工作的高效支撑了公司的前途，公司的前途保障了员工的成就，其实问题就这么简单。

这一切都落脚于绩效——公司的绩效、组织的绩效和员工的绩效。企业文化的核心自然也无法脱离这一主题，由此我们得出的结论是：尽管在理念层面企业文化的表述各异，但不能否认一个基本的现实，企业文化的核心是绩效文化。华为提倡的客户导向、流程导向和高绩效导向，是相辅相成的，但其基础是高绩效导向。没有高绩效导向，就不可能实现客户导向，流程导向也就失去了方向。

这里所讲的绩效，包括点绩效、线绩效和面绩效三个层次。

点绩效：指的是个人绩效，员工的责任、权利与义务就在于通过自我激励与开发，提升绩效能力，持续地取得高绩效，并据此取得合理的回报。员工的行为、技能与态度固然重要，但永远是手段，是过程。绩效才是真正的目的。

在IBM，与此相联系的基本价值观是“力争取胜”，也就是我们熟知的“一次做对”。郭士纳认为“所有IBM的员工都有必要认识到，做生意是一个具有竞争性的活动，要么成功，要么失败，没有其他的选择。在新IBM中，那些缺乏竞争热情的人将找不到他们的合适位置。”

线绩效：指的是流程的绩效及流程中团队或部门的绩效。企业的商业模型由产品或技术导向，转向客户导向，能够为客户提供端到端的快速服务。在企业内部，表现为以团队的形式运作，使得团队绩效和部门绩效最大化。

在IBM，与此相联系的是“快速行动”和“团队精神”两项基本价值观。“这是一个有关速度和磨炼的事业。我们不能再执迷不悟做一个完美主义者，因为完美主义会使我们错失市场良机，在新IBM，成功的人士都是动手做事的人，而且是快速而有效的做事的人。”

面绩效：指的是企业的整体绩效，但其衡量指标不是盈利水平或销售额，而是以绩效为基础的企业生存能力，是持续地为客户所认可的绩效创造能力，是企业是否优秀和卓越衡量指标。

因此，优秀的企业文化至少应具备以下特征：

第一，企业文化必须是对企业成功的经营管理实践的提炼与总结，而不是外在的借鉴与引进，对于一家企业来讲，其企业文化一定要具有原创性。

第二，企业文化必须体现在企业的机制、组织、流程和制度之中，并能够得到后者的强力支撑，否则企业文化永远停留在假设层面。其中关键的一点是企业文化外部必须与客户相连接，内部必须与企业的价值评价体系与价值分配体系形成有机的联系，企业价值评价体系的关注点和薪酬体系的激励点，必须转移到高绩效结果以及关键的高绩效行为上。如 IBM 的高绩效文化体现其个人承诺考核（PBC）上，而后者又将高绩效文化付诸实践。

第三，企业文化最终必须体现在企业的组织运作、业务运作模式和员工的行为和行为结果上。也就是说，企业能否有优秀的文化，必须由企业的产品、服务和员工的行为来验证，现实的经营管理成果是检验企业文化的唯一标准。

第四，一家企业文化的优劣，必须由企业可持续的长期经营实践来判断，尤其是当企业面临困境时，才是企业文化的有效检验期，百年老店和长寿公司是优秀企业文化的代表。

第五，企业文化表现为一系列的基本价值判断或价值主张，而这些价值判断是有内在逻辑的，具有统一的灵魂，其核心落脚于高绩效文化。

大象本来是能跳舞的，因为它有会跳舞的基因，问题是它必须寻找舞台，必须有激情，必须有内在的激活流程，必须有正确的牵引，必须有核心的价值体系。

如果大象能够跳舞，那么蚂蚁就必须离开舞台。

如果大象能够跳舞，那么舞曲的主旋律就必须是高绩效。

第四章
效率从哪里来

企业文化是企业员工队伍中与绩效有关的习惯，那么，哪些习惯与企业的绩效有关呢？作为一位企业家、一位管理者需要关注员工的哪些习惯才能够有效提升企业的绩效呢？这个问题看似简单，却无比困难，这是整个企业文化建设的关键点。要弄清楚这个问题，企业家必须首先弄清楚现代企业效率的来源，只有弄清楚了现代企业的效率来源，我们才能把握住影响效率的行为习惯有哪些。

一、“分”出来的效率

关于企业效率的来源这一命题，最早给予关注并给出关键答案的人是《国富论》的作者亚当·斯密（1723—1790）。300年前，英国经济开始突飞猛进地发展，介于传统手工作坊和现代化工厂形式之间的资本主义手工工场已经出现，生产效率获得了几倍、十几倍，甚至几十倍的提高。在英国经济飞速发展的背景下，亚当·斯密开始思考这些问题，即国家的财富是怎么来的？为什么这些年财富创造的效率这么高？他于是做了大量的研究，研究的结果汇编成一本书叫《国富论》，这本书现在的翻译叫作《国民财富的性质和原因的研究》。他在《国富论》中对于生产效率提升的原因给出了自己的解释，即劳动分工导致了生产效率的大幅度提升。

在《国富论》中，亚当·斯密通过一个“别针生产”的案例生动地说明了新型生产方式的效率来源。生产别针需要截丝、打磨、弯曲等18个环节，在传统手工作坊里，这18个环节由一个人全做完，一个人先把钢丝截断了，然后再拉直，然后再打磨，然后再弯曲……最后成形，这个人如果是一个老工匠，一天最多能做20枚别针，如果是一个新手，10枚恐怕也做不了。但是，在当时的英国，亚当·斯密发现一种新型的生产方式，这种方式把这18个环节分成18道工序，分别由18个人负责，每个人只负责一道工序，截钢丝的就只管截钢丝，拉直的就只管拉直，打磨的就只管打磨，弯曲的就只管弯曲……这样一天下来能做多少枚别针呢？18 个人一天能生产 86400 枚！平均每个人能制造 4800 枚！生产效率比原来提升了 240 倍！人还是原来的 18 个人，工厂还是原来的工厂，别针还是原来的别针，唯一改变的是生产方式，由集体分工替代了个体单干，生产效率也随之大大提高。亚当·斯密的这一发现被誉为“帮助人类揭开了财富创造的密码”，人类的财富创造能力从此开始大幅度提升。

为什么组合起来效率就能提升 200 多倍呢？这个效果是怎么出来的呢？第一，亚当·斯密发现，分工以后，每个人只管一道工序，不用在十几道工序之间来回转换，这中间可以节省很多时间；第二，每个人长期专注于一道工序的作业和研究，比较容易积累专业的知识和技能；第三，分工以后，每个人的工作由复杂变得简单，原来不可能发明一个机器同时做完 18 道工序，现在却可以发明 18 个工具分别完成 18 道工序，机器跟人相比，它最大的特点就是善于毫无差错地做重复性的工作，而且毫无怨言……亚当·斯密用他的严谨的分析一层层揭开了效率提升的驱动因素，按照中国人民大学包政教授的话讲，揭示出分工的效果，就是开启了现代人创造财富的密码。

亚当·斯密所揭示的道理我们在生活中也同样可以感受到。原来做一件高档雕花的红木家具，需要一个工艺大师积累几十年的经验和技术，需要花费几年的时间才能够完成。但是现在，我们通过劳动分工，把雕花红木家具的制造分成几十个简单的环节，每人只从事其中一个环节的工作，一些大学毕业不久的年轻人经过简单培训就可以快速地制造出来；原来只有工艺大师级人物才能做到的事情，现在普通人也能够做到。这就是我们现代人最大的聪明之处，也是现代经济高速发展、现代企业高速创造财富的核心原因。

工厂内部的分工只是分工形式中的一种，除此之外，还有一种分工形式是亚当·斯密反复提到的，那就是市场化的分工形式。做别针的企业除了在内部对制造别针的工作进行分工以外，还和外部需要别针的农民、牧民、渔民、宾馆从业者、面包师、制衣工人等形成了分工。这些需要别针的人不用再自己生产别针，只需向别针生产工厂购买就行了，而生产别针的工厂要消费粮食、牛奶、鱼虾、面包、衣服等也不用自己去生产，而只需向专业的生产者购买就行了，这就是市场化的分工。市场化的分工是更为古老的分工形式，人类历史上经历了几次大的通过市场联系起来的分工，如农业从畜牧业中分离出来的分工、手工业从农业中分离出来的分工、商业从手工业中分离出来的分工，每一次社会大分工都对当时的社会生产效率起到了较为重要的提升作用。

工厂之外的市场分工体系和工厂之内的组织分工体系，共同构成了现代社会全面的分工体系。在分工的过程中，专业知识得到了积累、专业技能得到了锻炼、专业工具得到了进步，最后专业化生产的大机器得以发明，人类生产效率的提升从此一发而不可收。

二、 “合” 出来的效率

亚当·斯密的劳动分工理论确实让人信服，它有效地解释了生产效率提升的基本机理。但是，仔细推敲，你会发现，亚当·斯密所陈述的一系列理由都还只是一种效率提升的可能性，并不意味着必然转化为切切实实的生产效率。要真正地转换成效率，还需要一个必不可少的环节，即劳动分工之后的劳动协同，没有有效的协同，分工所带来的很多优势就无法真正转换成现实的效率。

还以“别针生产”为例，在一个人做完全部 18 道工序的时候，不需要特别的协同组织，因为人的大脑会自动组织四肢进行协调。但是，分工以后的协同就不一样了，分工之后是 18 个大脑、36 只双手，如何把这么多的脑与手协同起来不再是一件简单的事情。试想一想，如果分工以后，18 个人各干各的，互相之间根本不配合，可能连 20 枚别针也生产不出来，那样的话，分工就不是促进效率提升，而是导致效率的倒退。亚当·斯密当时只是注意到了市场分工之后的协同，却没有留意工厂内部的协同问题。市场化的协同是通过价格机制来进行的，参与分工的各方通过谈判的方式自由买卖，交易的价格就是买卖双方协商协同的工具。而工厂内部协同的必要性、重要性和复杂性，直到作为企业家和管理学家切斯特·巴纳德的出现，才作为一个重要命题得到应有的重视。

切斯特·巴纳德指出企业内人与人之间的有效协同不会自然而然地产生，而必须进行管理。要想达到有效的协同，组织成员之间必须确立共同的目标、必须建立顺畅的信息沟通系统、必须拥有足够的贡献意愿，这些都必须经过管理职能的履行才得以实现。而每一个条件的实现都不是容易的事，都需要经理人员的卓越才能、正直人格和辛苦努力，都需要耗费企业的资源，增加企业的成本，削弱企业的效率。现实实践中，同时成功地实现三项条件进行协同的只是少数企业，大部分企业在寻求协同的努力上是失败的。

切斯特·巴纳德的理论弥补了亚当·斯密分工理论的缺陷，同时也向世界提出了组织管理的重大命题，即组织分工之后的协同问题是组织效率提升的前提条件，这也是极富有挑战性的、极其难以达到的条件。相对于分工来讲，协同的重要性对于效率提升更为重要。

三、企业，“变大”还是“缩小”

亚当·斯密指出了以价格为机制的市场化的协同方式，但是没有指出市场协同方式的成本问题；切斯特·巴纳德指出了以权威为机制的组织协同方式，并指出了管理协同的难度，但也没有指出权威协同的成本问题。罗纳德·哈里·科斯意识到这两种协同方式都有一定的成本，企业依据成本的高低可以选择适合的协同方式，协同成本较低的协同方式就是高效率的协同方式。

罗纳德·哈里·科斯认为市场协同方式存在着双方为交易而进行的信息获取、讨价还价、斗智斗勇的成本，并把这种成本叫作交易成本。这种成本大致等于采购方的采购费用加销售方的销售费用之和。但实际成本要比两种费用之和高，因为除了财务报表里可以直接反映的费用之外，企业为了达成交易常常还会发生一些无法在财务报表里反映的费用。总之，交易成本相当于买卖双方之间为达成交易而付出的所有成本。

罗纳德·哈里·科斯认为管理协同方式存在着管理者为维持自身的权威、为保持员工协同的意愿而产生的成本，并把这种成本叫作管理成本。这种成本大致相当于企业中所有从事管理工作的人员的费用和管理活动产生的费用。在很多企业中，管理费用是非常大的一笔费用，它的实际费用要远远大于会计报表里管理费用的金额。

罗纳德·哈里·科斯的这些观点集中体现在他的经济学名著《企业的本质》里。罗纳德·哈里·科斯认为，如果交易成本大于管理成本，那么企业就应当扩大规模，就应当以管理协同的方式替代市场协同的方式；如果管理成本大于交易成本，那么企业就应该缩小规模，就应当以市场协同的方式替代管理协同的方式。总之，成本最小的协同方式也是效率最高的协同方式，两者的差别，只是分工协同的方式不同而已。

罗纳德·哈里·科斯的观点，在现实世界里得到了很好的印证。今天，由于信息技术的发展，特别是通信、互联网、移动互联网等技术的发展，使得一种新的市场形态出现，即电子商务。电子商务的出现极大地降低了原来的市场交易成本，使得市场协同方式的优势大大地提升，推动了全球企业的归核化、非核心业务外包、企业虚拟化的趋势，这种趋势本质上是以市场协同替代组织内部协同的表现。

罗纳德·哈里·科斯的理论深化了我们对于分工协同方式的认识，拓宽了企业管理者的管理视野。企业作为一个协同体系，包括外部市场协同体系和内部组织协同体系，两个协同体系一起构成企业的整体协同体系。以往我们只是把内部组织体系作为协同体系来看待，把市场体系排斥在协同体系之外，这是不全面的。外部协同体系和内部协同体系同样必不可少，相对于内部协同来讲，外部协同体系有时候可能更重要。

构成企业整体协同体系的两种协同体系在规模上或比重上并不是完全对等的，有的企业以外部协同体系为主，特别是在当今世界企业战略归核化、业务外包化流行的时代，很多企业采取小管理、大市场的虚拟化运营方式。这类公司典型的例子是耐克公司、李宁公司、中海油公司等。有的企业以内部管理为主，特别是一些最终环节利润空间不大的制造型企业，为了寻求更多的利润来源，往往采取纵向一体化的方式往产业链条的上游延伸，把原来由市场完成的原材料或者零部件改由内部生产。这类公司在国内最著名的是富士康公司。企业具体选择以外部市场协同体系为主，还是以内部管理体系为主，主要取决于两种不同协同体系的协同成本。市场协同体系的协同成本就是交易成本，管理协同体系的协同成本就是管理成本，当交易成本大于管理成本时，企业倾向于扩大内部管理协同体系，缩减外部交易体系；当企业的内部管理成本大于外部市场协同成本时，企业倾向于缩小内部协同体系，扩大外部市场体系。

四、 点效率—线效率—面效率

中国人民大学包政教授对企业效率的来源进行了整体结构化的探索，提出了点线面的效率理论。包政教授认为企业效率的来源有三个层次：点效率、线效率和面效率。

点效率指的是个人效率，是指企业中每一个员工、每一个岗位的效率。科学管理的创始人弗雷德理克·温斯洛·泰勒一生研究的重点就在于点效率的提升。在没有科学管理之前，人们做事的方式方法都是靠个人经验和直觉，并没有下功夫去研究最节省、最有效率的做事方法。弗雷德理克·温斯洛·泰勒是第一个开始用系统的方法研究每个人作业的全过程的人，他对作业过程中的每个动作、每个环节加以分解、分析、对比，并从中寻找最必要的作业动作、环节动作，并从各种作业动作中选出最省力、省时的作业方式。

弗雷德理克·温斯洛·泰勒的研究证明，每一个行业、每一个工种，无论是老员工还是新员工，都还远远没有达到个人效率的极限，都有着极大的提升空间。所以，弗雷德理克·温斯洛·泰勒主张各行各业、各种岗位都要开展科学管理，通过科学管理寻找出最有效率的工作作业方式。

约翰·肯尼迪·加尔布雷思等延续了弗雷德理克·温斯洛·泰勒的科学管理思想，并在更多的劳动领域进行实践。科学管理运动是人类劳动作业方式的一场大革命，极大地提升了劳动者的单点效率，后来的质量管理运动、思想解放进一步扩大了科学管理的影响，促进了劳动者从传统的劳动者到职业化劳动者的转变。

线效率指的是流程效率，是指作业中有着前后顺序的一组活动在不同人之间如何快速衔接的效率，线效率可以理解为流水线的效率。企业界的亨利·福特先生最先意识到线效率的存在和线效率提升的必要性。亨利·福特先生认为一件大的事情，例如组装汽车，可以分解为很多小的作业任务，如安装车门、安装轮胎等，然后这些小的作业任务之间有一种相对的自然顺序。如要先安装车厢才能安装车门，然后把不同的作业任务依据顺序进行排列，最后依次通过所有环节，整个事情就可以完成了。亨利·福特先生依此发明了汽车生产流水线，流水线作业方式的产生是人类工作效率的又一次大的飞跃，这次效率的飞跃主要是线效率的贡献。

自从流水线被发明出来后，人们逐渐发现，流水线上下游之间工作量的合理配比、工作速度的均衡性、工作节奏的一致性等都会对线效率产生影响。只有流水线上下游之间高度协同才能保持较高的线效率，如果各个环节没有协同，流水线就无法畅通，线效率就会大打折扣。

理论方面，亨利·劳伦斯·甘特先生也发现了线效率的存在。亨利·劳伦斯·甘特先生认为，几乎所有的复杂的工作或工程都是由一系列有着前后顺序的小的模块工作构成，这些小的模块的工作在时间上衔接的紧密程度将决定整个复杂工作或工程的效率，特别是其中关键模块的工作对整体线效率的影响最大，也是决定性的。亨利·劳伦斯·甘特先生据此理论发明了后来被大型工程或事务管理普遍使用的甘特图。甘特图至今仍然是有效提升线效率的最简单、最实用的工具之一。

面效率指的是企业的整体效率、全系统效率，包括线与线之间的效率、纵线和横线之间的效率、部门与部门之间的效率、事业部与事业部之间的效率、管理活动与经营活动之间的效率、中高层管理与基层作业之间的效率、人财物等各种形态的资源与资源之间的效率。面效率的思想是把整个企业作为一个系统，以企业的使命宗旨的实现为目标，以企业有限的资源最大限度地实现目标。企业面效率是一种更为抽象、更让人难以察觉的效率，很多企业规模扩大以后，非常容易出现各种各样的“跑冒滴漏”现象。但是由于很多低效率的现象并不是可以用肉眼看得出来的，人们往往难以发现，而企业越大效率越难提升就与面效率的这种隐蔽性有关。现代财务上推行的 EVA（经济增加值）考核就是试图引起管理者对无形效率损失的重视。

包政教授的点线面效率理论结构化地分析了企业效率的系统来源，对于企业提升效率有着非常重要的指导意义，是一种操作性非常强的理论架构，不但适用于企业，也适用于其他组织。

第五章
西方文化的效率优势

亚当·斯密揭示了分工可以大幅度提升人类生产效率的规律；切斯特·巴纳德揭示了通过协同实现分工、提升效率的可能性；罗纳德·哈里·科斯揭示了不同的协同方式带来的协同成本，以及最优协同方式的选择方法；包政教授提出了提升效率的关键途径。但是他们还没有涉及效率与文化的关系，没有涉及社会经济发展、社会财富创造与文化的关系。

19 世纪末 20 世纪初，一个人揭示了这种关系，这个人就是马克斯·韦伯。马克斯·韦伯通过他的系列著作，《经济与社会》《世界诸宗教的经济伦理》《新教伦理与资本主义精神》等，逐步揭示文化与经济的内在关联性，其中，最有名的著作是《新教伦理与资本主义精神》。马克斯·韦伯认为，新教伦理直接或间接地催生了现代资本主义精神，现代资本主义精神促进了现代社会财富的创造。

马克斯·韦伯的观点可以用几个人物的关系通俗地理解：以马丁·路德和约翰·加尔文为代表的新教领袖（所谓新教，是指基督教的一个较新的派别，其核心教义与天主教、东正教等老派别，在宗教观念上有很大差异），影响了以富兰克林（美国开国元勋）为代表的资本主义的精神领袖。而富兰克林所倡导的资本主义精神（文化）影响了以洛克菲勒、卡耐基、摩根、福特、杜兰特、沃森等一系列企业界领袖，这些企业界领袖分别创立了美国标准石油、美国钢铁公司、摩根银行、福特汽车、通用汽车、IBM 等世界著名企业，这些企业撑起了美国经济。马克斯·韦伯的这个逻辑也可以在瑞士、荷兰、英国等国家进行演绎，从而串联起这些国家经济与文化的关系。

不但如此，马克斯·韦伯还详细地列举了新教教义的具体内容对人们工作态度的影响，以及人们工作态度的变化对经济的影响。

一、 工作态度： 入世修行

马克斯·韦伯认为，基督新教对经济的影响首先体现在人们对工作态度，或者说对劳动的态度上。老派教义认为，一个人死后若想进入天堂，今世必须潜心修行、远离世俗、清心寡欲，多祷告、多忏悔、多唱赞美诗、多读圣经，这是上帝所关注的最主要的“绩效考核指标”。它与你的世俗工作，比如，种了多少庄稼、养了多少牛羊、庄稼种得怎么样、牛羊养得怎么样，没有太大的关系，或者说几乎没有关系。避世修行，是老教教义中上帝与人约定的、来生能够升入天堂的方式。所以，很多有理想、有才华的人，很多死后想进入天堂的人，都到教堂、修道院里修行。为了避免世俗的烦扰，很多教堂和修道院都建在远离城市的地方，有的建在山顶上，有的建在海边。欧洲很多中世纪的教堂，几乎都在偏远的地方。

在老教教徒的心目中，诵经、祷告、宗教仪式比所有的世俗工作都重要，这是与上帝的约定。大家因此都不愿意从事世俗的工作、不愿意干活，认为这些不重要，甚至有些鄙视从事世俗工作的人。一个人、两个人这样认为还无所谓，但是如果整个社会都这样认为，社会上所有优秀的人才都遁世避俗当修道士去了，社会经济能发展吗？事实也是如此。在老教统治的地区，欧洲曾经经历了长时间的经济衰败期。

直到16世纪，欧洲宗教界出现了一个人物——马丁·路德，他提出了新观点。他说："上帝与人并不是那样约定的，上帝认为，人们没有必要避世修行，每个人做好现实的工作，比如，农民种好自己的庄稼、牧人养好自己的牛羊、老师教好自己的学生、国王爱护好自己的子民等，这是最好的修行方式，未来上帝将依据每个人在自己的世俗工作上取得的成就，判定他们死后能否进入天堂。"

在马丁·路德之后，新教队伍中又出现了一位影响深远的领袖人物——约翰·加尔文。约翰·加尔文继承了马丁·路德入世修行的理念，同时提出了"预定论"的思想。"预定论"认为，每个人的命运都是上帝事先安排好的，人们后世的努力是无法改变上帝预定的结局的，但是，人们可以通过努力工作、通过工作中取得的成就，证明自己是上帝挑选好的、未来要进入天堂的人选。约翰·加尔文的思想得到广泛传播，在瑞士、英国、美国等国家拥有很多信徒，约翰·加尔文后来被誉为新教教皇、"美国信仰之父"。

马丁·路德和约翰·加尔文的新教思想彻底改变了人们对世俗工作、现实劳动的看法，人们由鄙视劳动、鄙视工作转变为热爱劳动、玩命工作。因为按照新教教义的精神，一个人只有通过玩命地工作，才能够证明自己是上帝的"选民"，才能够感受到上帝的荣光，才可以免除地狱的恐惧，才有可能获得心灵的安慰。于是，很多社会优秀人才走出修道院、走出教堂，进入农业、牧业、手工业、航运业等经济民生领域，并以前所未有的工作状态和劳动热情投入到工作中。新教所到之处，经济如雨后春笋般发展起来。

《新教伦理与资本主义精神》中提到的例子也让人印象深刻：美国南北战争之前南北方经济发展速度对比。从自然条件来讲，美国南方的条件好于北方：阳光充足，水资源丰富，植物茂盛；而北方在阳光、水资源、植物等方面都比南方差。从移民的经济基础来讲，美国南方的大多数移民是经济条件比较好的中产阶级，资金雄厚，他们在美国的南方开垦了大量的种植园，并从非洲买来奴隶为他们劳动，成为大种植园主。与南方相比，大多数美国北方的移民是经济条件较差的底层人民，或者是在欧洲失意的政治犯等，他们从欧洲移民过来，除了对自由的新大陆的好奇和热情外，几乎没有财产。但是在不到一百年的时间，当美国南北战争发生时，美国南北经济的实力已经发生了彻底的转变，美国北方的移民白手起家，在他们居住的地方建立了工厂、矿山、学校和城市；而美国南方的经济发展则乏善可陈。马克斯·韦伯认为，造成美国南北经济发展差距的最重要因素是宗教信仰不同，南方人民普遍信仰传统的基督教，而北方人民信仰新派基督教，是新教信仰中的入世修行唤起的劳动创业热情，造成了美国初期南北经济的发展差距。

依据包政教授的点线面效率理论，新教对修行方式的改变，改变了人们对工作和劳动的态度，极大地提升了人们对劳动的认可度和热情，从而极大地提升了社会生产的点效率，社会财富创造的速度因此加快。

二、劳动分工：天职观

如果说新教教义中倡导的新的修行方式改变了人们对工作的态度，从而提升了社会的点效率，那么，新教教义中倡导的天职观则为大规模的社会分工提供了前提条件。

新教思想认为，我们在现实中从事的每项工作都是上帝派给我们的，是“上天分配之职”，没有高低贵贱之分，都是神圣的，必须抱着敬畏的态度做好，这是上帝考核的主要指标，或者说是我们证明自己是否被上帝“拣选”的关键。这种观点被称为天职观。

天职观的提出，使信众消除了职业的功利意识和职业歧视意识，他们开始长期专注于自己的行业，心无旁骛。种庄稼的农民，天天钻进庄稼地里不愿出来，松地、除草、施肥、浇水、除虫等，像呵护自己的儿女一样呵护自己的庄稼，拼命想把庄稼种好，稍有偷懒行为，睡觉时就可能做噩梦；做皮鞋的人想方设法地把鞋子做得更好，他们认真研究皮鞋制造的各个环节，每个环节、每个细节都做到极致和完美才会让自己轻松下来；做军刀的人，几代人钻研军刀设计、制作技术，最后，他们做出了全球闻名的瑞士军刀；做手表的人，世世代代以手表为职业，钻研制表工艺，最后，他们做出了劳力士和欧米伽；做汽车的人以造汽车为荣，专注于提高汽车工艺技术，最后，造出了宝马、奔驰……

实际上，很多欧洲的知名企业，都是世代传承了上百年，甚至几百年的家族企业，规模不大，但是他们都把自己所从事的职业视为天职，几代人，甚至十几代人心无旁骛、兢兢业业、持之以恒地钻研，最后取得了今天的成就。

天职观的概念给所有的职业都带上了神圣的光环，赋予职业超越功利的意义。人们不再把职业仅仅当成一个饭碗、一种谋生的手段、一个权宜之计；人们不敢轻视任何职业，对所有的职业都抱有虔敬的态度，敬业的概念便由此而来。天职观消除了世俗社会惯有的职业歧视态度，把世俗人眼中的职业等级观转变为职业平等观、职业神圣观，观念的转变给了人们安于职业的理由，无论什么职业，无论什么岗位，都没有高低贵贱之分，从事什么行业无所谓，做好才是关键。

有了天职观的人们开始把目光从不同行业的比较上移开，专注于自己所在的行业、岗位，开始追求把当前的工作做到极致，在自己所在的行业中取得领先地位。因为只有做到极致和领先，才能保证通过上帝的考核，或者证明自己已经成为上帝的“选民”。一句话，有了天职观的人们把玩命工作当成了自我救赎的唯一手段。所以大家玩命地钻研业务，积累行业知识、提高行业技能、学习行业知识！久而久之，社会上的人群就分化为拥有不同行业知识、行业技能、行业习惯的人群，社会化分工在天职观的支持下得以完成。

天职观为西方资本主义打造分工协同体系奠定了第一块基石，而且这块基石打造得特别扎实。我们将在第六章讲到中国文化，中国文化到现在为止，地基还没有打好。在中国的传统文化中，有一种根深蒂固的职业歧视观念，这种观念一直在阻碍中国社会进行有效的社会分工，而无法大规模分工就无法大规模协同。

鲁恩·本尼迪克特在研究日本文化时发现，日本文化中有一个观念和西方新教文化中的天职观相似，那就是各安其分。具体来说，各安其分就是每个阶层、每个职业，都要安守自己的本分：武士要守好武士的本分，不能让武艺荒废；农民要种好地，不能够让田地荒废；工匠要练就一副好手艺，不能粗制滥造；官员要履行好自己的公职，等等。日本人并没有三教九流的概念，他们不认为做农民就不光荣，反而，他们认为大家都把自己的工作做好了，各安其分，才有自己的尊严。

所以，日本文化与中国文化最大的不同之处是，它虽然也有社会分层，但它有各安其分的文化，这与西方的天职观相似。鲁恩·本尼迪克特认为，这是日本的企业、日本这个国家能够快速融入西方市场经济的关键文化基础。我们看到，日本人养牛，能养出全球知名的神户牛，一斤牛肉1000多元；做电器，能做出索尼、松下、东芝等畅销全球的电视机、照相机；做杯子，能做出虎牌名杯；做棒棒糖，能做出不二家名糖；做汽车，能做出全球横行的丰田汽车；做火车，能做出新干线。各行各业都能制造出世界顶尖产品，这些都与他们的各安其分的文化有很大关系。

三、 市场协同：契约观

基督教无论是传统教义还是新派教义，有一点是相同的，那就是“契约精神”。《圣经》由两部分构成，一部分是《旧约》，另一部分是《新约》，《旧约》是犹太教的经书，《新约》是耶稣，以及其使徒的言行和故事的记录。无论是《旧约》还是《新约》，都有约定的意思，指《圣经》是上帝与他的信徒的约定。上帝贵为上帝，做什么事情还要与他的信徒约定，这似乎不符合上帝无所不能、不受约束的身份，但是“某约”这一词语的无意识地惯用，反映了西方人内心深处无处不在的契约意识，上帝和人之间需要确立契约。

上帝和人之间都需要约定，那么官员和公民、人与人之间更需要约定，大到总统就职，小到日常交易，无处不见契约的影子。

美国总统宣誓仪式就像是总统对美国全体选民的立约仪式。

总统誓词如下：

I do solemnly swear (or affirm) that I will faithfully execute the office of President of the United States, and will to the best of my ability, preserve, protect, and defend the Constitution of the United States。“我谨庄严宣誓，我必忠实执行合众国总统职务，竭尽全力，恪

守、维护和捍卫合众国宪法。”

副总统誓词如下：

I do solemnly swear（or affirm）that I will support and defend the Constitution of the United States against all enemies，foreign and domestic；that I will bear true faith and allegiance to the same；that I take this obligation freely，without any mental reservation or purpose of evasion；and that I will well and faithfully discharge the duties of the office on which I am about to enter. So help me God。“我谨庄严宣誓，我决心维护和捍卫合众国宪法，防止被国内外一切敌人侵犯。我将忠于宪法，恪守不渝。我自愿承担这项义务，毫无保留之意，也绝无推诿之心。我必忠勤尽责，为执行我即将承担的职务鞠躬尽瘁。愿上帝助我。”

仪式程序如下：

在美国最高法院首席大法官的主持下，当选总统将使用当年林肯总统就职典礼用过的圣经宣誓就职。总统宣誓完毕，乐队演奏《鼓号齐鸣》和《向统帅致敬》；美国陆军第3炮兵团会奏响21响礼炮，作为对最高统帅的致敬。

历史悠久的契约意识使西方人在使用契约方面轻车熟路、得心应手，而且西方人养成了自觉遵守契约的习惯。契约在政治、经济、文化生活中无所不在、无时不在。

仔细观察市场经济运行，你会发现，市场化协同主要是靠市场契约联系的。所谓的市场，是由一次次市场交易行为构成的，而在所有的市场交易行为中，除了个别小额的交易（比如，农贸市场的蔬菜零售）外，大部分交易行为背后都有一张交易契约（合同）在约束着交易双方。可以说契约保护、维系着交易，交易构成了市场，市场形成了分工协同，在市场化的分工协同方式中，契约是基本的保证，没有可靠的契约基础，市场化的分工协同就难以保证。

源于基督教的契约意识，为西方企业市场化的协同奠定了坚实的基础。人们在市场行为中讲究诚信、坚守契约，宁可损失利益也要坚守约定，使得人与人之间的互信关系得以确立、企业的品牌得以确立，这些都有利于合作，也是有利于提升效率的因素。良好的契约意识是分工协同体系得以形成的第二块基石。

相比之下，中国人由于缺乏契约意识，市场化协同的文化基础并不牢固，再加上缺少宗教信仰，作为市场化协同必需的基本诚信都很难得到有效保障，中国传统文化的缺陷给中国的市场经济带来越来越大的负面影响。

四、管理协同：平等观

在中国，很多人习惯地将契约意识称为诚信意识，是市场化协同的文化基础，那么，平等意识就是组织协同的文化基础。

切斯特·巴纳德在其《经理人的职能》著作中提出，组织协同需要满足共同的目标、信息的交流，以及贡献的意愿三个条件。其实，信息的交流属于技术问题，通过努力，不难达到。组织协同最难达到的是如何保证组织成员把企业的目标当成共同的目标，同时又能够始终保持为共同的目标贡献的强烈意愿。没有高度一致的共同的目标，没有为共同的目标贡献的强烈意愿，组织协同就无从谈起。协同的意愿是相对专业化的说法，通俗地说，协同的意愿就是合作的意愿，即愿意合作。一个组织如果缺少组织协同的意愿就意味着组织的瓦解，对企业来讲，员工缺少协同的意愿就意味着企业的解散或倒闭。

保持组织成员协同的意愿是一件非常具有挑战意义的事，需要满足很多条件，其中，最重要的条件是组织要保证其内部的公平性，即让所有的组织成员感觉到管理公平，否则，组织成员的满意度就会下降，久而久之，就会辞职走人。

组织中绝对公平是很难达到的，也不是员工所苛求的，员工要的组织公平，实际上是组织成员之间的平等。这种平等也不是职务上的平等，组织必然会因为分工不同划分职务等级。员工所要的平等是人与人之间关系的平等、人格上的平等、身份上的平等、机会上的平等，员工反对的是组织特权。

在基督教文化里，对组织协同所需要的平等有着强有力的支持。无论是新教教义还是老教教义都强调人与人之间关系平等。《圣经》有一段经典的上帝说给子民的话："你要是信我，就要放弃你的家庭，放弃你的父母、妻子和儿女。"这句话的意思不是让信徒真的放弃家庭，而是让信徒放弃自己与父母、妻子、儿女之间的不平等关系。作为一名纯粹的信徒，信徒与信徒之间，每个人都是平等的关系，都是上帝的子民，彼此之间都是兄弟姐妹关系，家庭的关系不能够嫁接在宗教关系上。

基督教倡导的平等观念，刚开始可能只是为了避免世俗的家庭关系、家庭情感等因素干扰人们的宗教修炼，无意中，这种在基督教中形成的超越家庭伦理的平等观念却让现代组织，特别是现代企业受益。可以说，来自基督教的平等观念，给分工与协同奠定了第三块基石。

五、拼命赚、拼命省、拼命捐

除了前面四个观念对分工协同、对效率提升影响巨大外，新教伦理里面还有三个观念值得关注。

第一个是财富观。在基督新教的观念里，世界上所有的财产都属于上帝，现世法律上拥有财产的人只是上帝财产的“看管人”，或者是上帝委托的“理财者”。新教的财富观念不但剥夺了信徒对财产的所有权，而且把财产权由一种权力变成了一种义务。可以说，法律上拥有的财产越多，宗教意义上的责任就越大，看管的责任是保证财产安全、不被浪费；理财的责任则要求必须让财产不断地保值、增值。

第二个是禁欲观。既然财产是上帝的，那么就不允许浪费，不允许胡乱消费。上帝准许信徒的生活方式是简朴、整洁、计划、条理，上帝要求信徒克制自己的欲望，生活中绝对不能腐化奢侈。

第三个是慈善观。鼓励赚钱，而且要求必须学会让钱生钱，同时，又只允许有节制的消费，必然会积累大量的财富，越来越多的财富用在哪里便成了问题。于是，上帝给出了他允许的财富处置方式，即捐给社会，捐给社会上需要帮助的人。

三个观念结合在一起，形成一种典型的新教徒式的工作和生活方式，拼命赚钱、拼命省钱、拼命捐钱，这是典型的新教徒企业家的写照。

洛克菲勒就是一个标准的拼命赚钱、拼命省钱、拼命捐钱的人。他当时联合、兼并美国各大石油公司，目的并不是像其他垄断企业一样，希望提高石油价格。他当时成立石油公司的目的是，他感觉当时美国的老百姓消费不起石油，他要降低石油价格，让老百姓消费得起石油。他为了达到这个目的成立了标准石油公司，他后来也确实达到了目的。

拼命捐钱的案例是什么呢？中国现在最好的医院是哪家？协和医院。协和医院是谁建的？协和医院是洛克菲勒基金会捐了四千万美元建的！洛克菲勒在全球捐钱建立了很多这样的医院，因为洛克菲勒基金会当时捐赠的重要方向就是医疗、教育。

当一个国家的企业家、员工都信仰这样的信条时，它的经济发展能够挡得住吗？挡都挡不住！不用靠卓越的领袖，不用靠有特色的制度，就靠信仰推动经济发展，你挡都挡不住！所有人都在玩命地工作！所以，马克斯·韦伯论证，因为这种机制，新教所占领的国家，经济会像吹气泡一样——但绝对不是泡沫，飞速发展，最核心的机理就在这里。

第六章 中国文化的效率障碍

与西方文化在分工协同方面的效率优势相比，中国传统文化几乎在分工协同的各个方面都存在文化障碍。这些文化障碍，使中国社会和中国企业在创造财富的过程中，很难持续提高效率，文化障碍深深地影响着中国企业和中国经济的竞争力，是中国企业必须努力强化的软肋。下面，我们还是按照分工协同的基本框架对中国文化进行点评。

一、 工作态度： 劳动歧视

我们常说：“中华民族是一个勤劳勇敢的民族。”勇敢不勇敢，我们不讨论，但是勤劳值得质疑，至少，中国人是不是发自内心地愿意勤劳工作是值得质疑的。

大多数中国人因为生计所迫，不得不辛勤劳作，这实在是不得已而为之的事情。但是，一生劳作的中国人大都有同样的梦想，那就是有朝一日不再受劳作之苦、衣食无忧，或者希望自己的儿孙能够这样。为了未来不再劳作，所以现在拼命工作，为了儿女后代不再劳作，所以自己这代人拼命工作。中国人的勤劳，大都是这种层面的勤劳，是不得已而为之的勤劳，不是发自内心地对劳动的热爱。

中国人对劳动的态度可以从很多方面得到印证。中国自古就有很多叹息农作之苦的作品，其中，最著名的是《悯农》。“锄禾日当午，汗滴禾下土。谁知盘中餐，粒粒皆辛苦。”这类诗歌，从正面解读是倡导人们珍惜食物，但是从前半部分的解读来看，向人们传递的信息是劳动之苦。《悯农》中流露出来的对劳动的看法，是中国文人作品对劳动的主流看法之一，作为中国文化重要载体的文人作品对于劳动的态度，以慨叹劳作之苦的居多，而描写劳动乐趣和丰收的喜悦的居少。一方面，反映了中国文人因为自身不从事劳作，很难真切地体验到劳动乐趣和丰收的喜悦；

另一方面，也真实地反映了整个中国社会对劳动的态度。

小时候，父母为了督促我们读书，经常跟我们说的一句话就是：“不好好读书，将来就要打牛屁股。”打牛屁股，是我们当地人对务农的形象说法，就是跟在耕牛身后从事犁地、播种等农业耕作工作。父母的话一方面起到了督促我们学习的作用，另一方面也从小给我们灌输了一种“以劳动为苦，要想方设法脱离劳作之苦”的观念，这就是我们从小就接受的对劳动的基本态度。

这样的例子还有很多。中国儒家思想的代表人物孔子和孟子对劳动基本都持歧视的态度。

“樊迟请学稼，子曰：吾不如老农。请学为圃，曰：吾不如老圃。樊迟出，子曰：小人哉，樊须也！上好礼，则民莫敢不敬；上好义，则民莫敢不服；上好信，则民莫敢不用情。夫如是，则四方之民，襁负其子而至矣；焉用稼！”（《论语·子路第十三》）孔子的一个弟子问关于农业和园林的技术，孔子不但拒绝回答，还羞辱了这个提问的学生。对于这点，几千年前，就有一个农夫对孔子提出了批评：“子路从而後，遇丈人，以杖荷蓧。子路问曰：子见夫子乎？丈人曰：四体不勤，五谷不分，孰为夫子？植其杖而芸。子路拱而立”。（《论语·微子第十八》）批评归批评，农夫的影响毕竟和孔子无法相比。儒家对劳动的态度从此基本定调。

孟子有句被广泛传颂的话：“劳心者治人，劳力者治于人。”孟子说这句话的时候未必是歧视体力劳动，他可能只是描述社会现象，即脑力劳动者是管理者，体力劳动者是被管理者，这是一种常见的社会分工，现在也是如此。但是，孟子的这句话，事实上强化了人们对劳动的歧视态度，特别是社会精英阶层，很多人都以不事稼穑的生活为荣。

对劳动的歧视，最直接地反映了人们对工作的态度，中国人对于工作的投入、专注和认真程度，很难达到新教徒的程度——为了自己灵魂的救赎，为了证明上帝的荣光，对工作和职业始终抱着虔诚、敬畏的态度。中国人始终抱着功利的心态工作，这种态度使人们无法静下心，长期专注于工作本身，从而无法沉淀和积累高效工作所必需的知识和技能，这对中国企业效率的提升始终是一个致命的障碍。所以，包政教授在讲到中国企业对传统文化的改造时提出，中国企业要进行企业文化建设，首先要重视职业化，中国人需要培养职业的态度、职业的习惯，这是中西方文化最大的差异，也是中国文化最大的效率障碍。

二、劳动分工：职业歧视

中国人心目中从来没有平等的职业观，而是把职业分成三六九等，俗称“九流”。从事不同职业的人也因为所在职业的等级而在人格上归属于不同等级，所以，处在九流中末流或者后面几流职业的人常常觉得没面子、丢人；而处在上流职业的人常常觉得高人一等、趾高气扬。

案例

何谓“三教九流”

“三教”指的是儒教、佛教、道教。“九流”，《汉书·艺文志》中说，“九流”分别指农流、墨流、名流、法流、纵横流、小说流、阴阳流、医流、杂流。

后来，民间又按社会地位，把各种职业分成等级，将“九流”分为“上九流”“中九流”“下九流”。

第一种说法：

“上九流”是：帝王　圣贤　隐士　童仙　文人　武士　农　工　商

“中九流”是：举子　医生　相命　丹青（卖画人）　书生　琴棋　僧　道　尼

“下九流”是：师爷　衙差　升秤（秤手）　媒婆　走卒　时妖（骗子及巫婆）　盗　窃　娼

第二种说法：

“上九流”：佛祖　仙皇帝　官烧锅　当商　客种田

“中九流”：举子　医风水　批丹青　相僧　道琴棋

“下九流”：巫　娼大神　帮剃头　吹手　戏子　叫街　卖糖

第三种说法：

一流皇帝二流官三僧四道五流医

六工七匠八娼妓九流书生十乞丐

第四种说法：

一流帝王相、二流官军将、三流绅贾商

四流派教帮、五流工塾匠、六流医地农

七流巫乞奴、八流盗骗抢、九流耍艺娼

职业歧视观在当前社会依然没有消除，看看每年的高考志愿选报和大学毕业生的职业选择就会清清楚楚。中国愈演愈烈的国考热和招工难现象也是最好的证明。中国最优秀的青年在走向社会选择职业的时候，依然强烈地受到传统“三教九流”式价值观的影响。

严重的职业歧视会极大地影响社会分工，中国最优秀的人力资源都流向国家公务员岗位和企业内部管理岗位，造成公务员和管理者队伍中堆积了过量的、超过需求的人才，而大量的研究岗位、技术岗位、操作岗位、服务岗位没有足够优秀的人才。而且，很多人即使当前没有当上公务员或者管理人员而不得已选择了非管理岗位。大多数人抱着临时凑合的心态，一旦有机会，还是要跳往管理岗位。这种价值观只能出现一流的政客，只能出现应对激烈竞争的政治斗争哲学，只能出现权谋术和厚黑学，却很难出现一流的农民、一流的工人、一流的服务员、一流的面包师、一流的皮鞋匠、一流的酿酒师。因为这些领域都是人们不得已而为之的职业，是自己都看不起的职业，是一有更好的机会就准备离开的职业，有谁愿意用一辈子的精力全身心地从事这种职业呢？

招工难

国考热

图 6 –1　国考热与招工难

在中国社会中，除了政府机关和管理岗位，各行各业都很难沉淀一流的人才，所以，我们很难做出爱马仕的皮包、酿出拉菲的葡萄酒、烹出法式大餐、造出宝马汽车、设计出施华洛世奇水晶、切割出比利时的钻石……这些都需要对职业的敬畏，以及几代人的不懈积累。如果中国人不转变职业观，中国制造就很难摆脱粗制滥造的恶名，永远不可能制造出世界级的精品。

对国家的政治体制和公共媒体来说，企业家对社会文化的影响极其有限，企业家无法干预企业之外的社会人的文化信仰，但是，企业家可以在自己的企业内通过各种手段干预和塑造员工队伍的文化观念。中国企业家必须改变员工传统的非平等的职业观，必须破除管理优越的职业观，强化“三百六十行，行行出状元”的理念，引导企业优秀人才自豪地专注于自己喜欢并且专长的事情，引导他们成为各个细分领域的专业人士或专家，而不是“学而优则仕、商而优则仕、演而优则仕”，不是所有优秀人才都往管理通道上挤。

企业要在员工队伍中建立平等的职业观，必须在制度安排上打开各类人员的专业上升通道，而不是只有管理人员的上升通道；同时，必须建立以专业等级为依据的薪酬系统，破除单一的以行政级别为依据的薪酬系统。

企业员工之所以都热衷于成为管理者，一个重要原因是企业中的管理序列的员工上升通道最明确、也有最大的上升空间。相对管理序列的员工来讲，其他专业和操作序列的员工要么没有明确的上升通道，要么上升空间有限，让很多优秀人才看不到自己的未来，所以导致各类优秀人才争相选择管理序列岗位。

年轻人热衷于选择管理序列岗位的另一个原因是很多企业习惯将薪酬与行政级别挂钩，进入管理岗位往往意味着向行政级别靠拢，这样容易提升行政级别，更容易提高薪酬待遇。

建立多通道的职位序列，为每一个序列的员工设定足够的职位上升空间，从而满足其依靠专业就能实现薪酬提升和职业成就的愿望，是很多优秀企业的普遍做法，也是改变中国员工非平等职业观的有效办法。

三、 市场协同： 信仰缺失

中国人的信仰历来复杂，儒释道是中国的三大传统信仰，但除了佛教算是真正宗教意义上的信仰，儒教和道教都不是真正意义上的宗教信仰，只是一般意义上的相信而已，其强烈程度无法和宗教信仰相比。而且，中国人也不单纯信佛教，很多人表面上是信佛教，其实是与佛交易，中国有句话是“临时抱佛脚”，说的就是这类人。

中国本来就比较淡薄、比较杂乱的传统信仰经历多年的无神论教育、经历过“文革”的“破四旧”等运动涤荡后，更加淡薄；马列主义作为一种信仰曾经支撑国人走过了大半个世纪，但是随着苏联的解体，随着社会主义阵营相继遭遇困境，随着中国的改革开放，国人对马列主义的信仰也逐渐淡薄了。当前的中国，经济越来越发达，国人的心灵却越来越空虚，信仰缺失比任何时候都严重，很多人除了钱什么都不认，成了十足的拜金狂。

没有信仰，就很难形成公认的道德意识和真理意识，每个人只相信自己，每个人都按自己的意识做事，每个人都有做事的道理。

没有信仰，就容易导致自我泛滥、缺少约束，就没有畏惧感和罪恶感，没有亏欠感和内疚感，没有道德底线，只要犯罪不被知道就是无罪。

在经济活动中，没有信仰，就很难做到诚信，很难建立信誉。再加上利益的吸引，什么样的事情都敢做，什么赚钱就做什么，怎么赚钱就怎么做，于是就出现了假奶粉、地沟油、毒胶囊、瘦肉精等伤天害理的事情，这些问题的出现都和中国人的信仰缺失有关。

信仰缺失使人与人之间的信任关系很难建立起来，使市场化的合作难以顺利地进行，买家不相信卖家，卖家也不把买家当回事。久而久之，就会出现反市场化现象，即人们离开一个市场转投另一个市场，或者，人们倒退到以往我们祖先自给自足的状态。

实际上，中国目前已经出现这种情况。前些日子，被媒体广泛关注的香港限制内地居民在香港市场购买国外婴幼儿奶粉的事件，说明，中国的婴幼儿奶粉消费者在集体抛弃中国婴幼儿奶粉生产商。到底是什么原因？政府失职、厂商失德、法律失控？似乎都有。这中间肯定有什么让所有的外在形式失效，似乎是文化，但又说不清。

在日常的生鲜蔬菜生产方面，很多菜农为了保证产量和缩短生长周期而滥用激素和各种各样的农药，导致蔬菜的激素等药物残留严重超标，买菜的人仅从蔬菜的表面也看不出来。于是，一些有条件的人开始租土地，自己种菜吃，回到了自给自足的状态。在食用油生产方面，自从出了地沟油事件以后，很多人一时不知道哪个牌子的食用油可靠。于是，一些在农村有亲戚的人，就想方设法地让农村的亲戚种花生榨油，然后再把榨好的油从农村带回城市。

信仰缺失会威胁到市场化协同方式，而市场化协同方式的倒退或者瓦解是以降低社会效率为代价的，是以企业的市场萎缩为代价的。市场化协同方式在哪个行业出现倒退或瓦解，都意味着这个行业的企业效率降低了。

四、管理协同：等级秩序

中国人不仅习惯把职业分成三六九等，也习惯把人分成三六九等。人群分等的方式是以某个人为中心，按照远近亲疏的原则，形成一个个同心圆，这就是中国人所谓的圈子，离圈子中心越近，享有的各种权利就越多，相反，则越少。

比如，蒋介石的军队，就存在以蒋介石为中心的圈子，离中心最近的圈子是由蒋介石的浙江老乡和黄埔学生组成的，其中，陈诚、汤恩伯、胡宗南是这个圈子的代表。然后是中央军，中央军之外是桂系、滇军、川军等地方军。即使同一个级别，享受到的待遇也差很多，这是一个极端的案例。

在中国企业中，这种圈子也处处存在，并且人们也不避讳承认这种圈子的存在，甚至公开在媒体上谈论这种圈子。比如，中国当今号称掌控万亿元资产的某投资集团，就是清华、北大毕业的学生建立的投资公司。在这家公司中，核心权力层人员都是清一色的清华、北大毕业学生，学缘关系构成了公司最核心的权力圈子。某人寿保险公司，系武汉大学出身的老板和其同学组成的圈子。某浙江企业，企业中最核心的圈子是义乌人组成的圈子，然后是外地职业经理人组成的圈子，这是以地缘为纽带形成的圈子。以血缘为纽带形成的圈子更是比比皆是，不胜枚举。

中国式的圈子在各种各样的组织中广泛存在，因为圈子的存在，中国的组织中往往存在两种等级：一种等级是所有组织都有的等级，按照分工不同，根据每个人所承担的责任的大小，确定如何更好地工作、更好地协同的等级，这种等级是马克斯·韦伯认为高效工作所必需的等级，我们可以称之为马克斯·韦伯等级；另一种等级是根据与组织最高领导关系的亲疏远近，依据血缘、地缘、学缘等判断标准，对组织中的人划分的等级。第一种等级是公开的等级，但有时候不一定是真正的权力等级；第二种等级是非公开的等级，很多时候是真正的权力等级。

因为第二种等级的存在，组织中经常出现同岗不同酬、同岗不同权等不公平现象，圈子中的人往往因为身在圈子之中而享有机会、信息、福利等特殊权利。而且第二种等级不像第一种等级，随着工作任务的调整而不断变化，第二种等级往往是与血缘、地缘、学缘相关联的，一旦建立就终生难以改变。

第二种等级实际上是一种人格等级，是一种被中国式情缘关系掩盖下的人格等级。这种等级使一部分人因为与组织核心人物的情缘关系享有了特权，这种特权必然导致组织中非特权人员的权利受损，或者说，这种特权是以损害他人权利为前提或代价的。

一个组织一旦有特权存在，就会导致不公正，不公正必然伤害组织成员的工作积极性，轻者会士气低落、消极怠工，重者会士气瓦解、辞职不干，无论是哪种情况都会降低组织效率。

有人说："中国自洋务运动以来，一百多年时间里，几乎没有诞生一家真正意义上的世界级企业（那些依靠行政合并、垄断特权而跻身世界五百强的企业离世界级企业还有很大差距)。”近几年，出现了几家类似华为、联想的企业，但还没有经历时间的检验。中国企业之所以做不大、做不久，与中国传统文化中的圈子文化、特权文化有很大关系。

从博弈论的角度讲，企业实际上就是一个博弈体系，做企业就像大家在一起玩游戏，只不过是一个比较复杂的游戏而已。企业的所有员工都是游戏的参加者，还包括客户、供应商、资本方、管理者等，都是游戏的参加者。

大家刚开始之所以参加游戏，是因为游戏好玩，能够从游戏中受益，如果不能实现这个目标，玩了几轮游戏之后发现有的受益、有的受害，受害者肯定不会继续玩下去，就会选择退出。退出对企业来讲要么丢失市场、要么员工离职，总之都会影响企业的规模和竞争力。如果一个游戏，能够保证每个参与的人，至少真心参与、努力工作的人都能从中受益，那么，这个游戏的参与者就会越来越多。这就意味着越来越多的客户、员工、合作伙伴等，会源源不断地加进来，企业规模就会越来越大，想不做大都不行，大到一定的规模就是进入世界 500 强。仔细观察会发现，世界 500 强企业本质上都是一个庞大而稳定的、各方都能够从中受益的博弈体系。

我们可以用同样的道理，解释基业长青的企业的本质内涵。所谓基业长青不是企业持续的时间足够长而已。试想一个博弈体系，只要能够保证参与博弈的人员都能长期从中受益，那么，参与博弈者就不会离开博弈体系。对企业来讲，就意味着忠诚可靠的客户队伍和员工队伍，一家企业只要客户队伍稳定、员工队伍稳定，存活几十年应该不是太难的事情。

中国传统文化中的圈子意识、特权意识、不平等意识，使中国人很难组织起来，柏杨先生在他的《丑陋的中国人》中一再感叹中国人最难合作，感叹“一个中国人是一条龙，三个中国人是三只虫”，中国人的难组织和中国人的特权意识、不平等意识密切相关。

因为特权的广泛存在，每个中国人都想追求特权，拥有这种特质的中国人对现代组织、现代企业来讲，实在不是好的组织建设的材料：中国人的圈子就像建筑混凝土中的无法粉碎的石子一样，阻碍混凝土的黏合，使组织中的人无法无缝连接，使大规模的建筑无法保持其坚固性，因而很难发育大规模的组织；中国人的特权意识就像海砂中的盐一样，这种材料建成的高楼大厦无法持久，因为特权意识就像盐腐蚀钢筋一样，不停地腐蚀现代组织的最主要的承重物——组织公平。

第七章
中国企业的文化再造

中国传统文化在社会层面的再造是中国企业家能力难以达到的，是政治家应该关注的领域；中国传统文化在企业内部的改造，却是企业家义不容辞的责任，也是企业家在中国传统文化背景下，办好企业必须解决的管理命题。

一、 中学为体 VS 西学为体

一百多年前，中国开始兴起洋务运动，作为洋务运动的代表人物之一，张之洞提出了“中学为体、西学为用”的文化改造模式。这种模式一经提出，遂为广大中国学者和官方所认同，成为一百多年来中国传统文化改造的基本原则。“中学为体、西学为用”的思想在中国企业界的影响极为深刻，一百多年过去了，这一原则依然是当今中国大多数企业进行文化建设时坚持的基本原则。

但是，一百多年的改造经验证明，这种指导思想未必管用。一百多年前困扰中国社会和企业发展的文化问题至今依然存在，而且情况并未得到多大改善。现在的中国知识界精英仍然像当年的梁启超、鲁迅那样，不断地指出和讨伐我们社会中存在的文化痼疾。

同为东亚文化，同受佛教、儒教的影响，日本的文化改造并没有遵循“日学为体，西学为用”的原则，而是采取了相反的改造路线。作为日本明治维新时期思想界的代表——福泽谕吉，提出了与张之洞几乎相反的文化改造思想，即“脱亚入欧”。日本在政治、经济、科学、文化、教育等的基本结构等方面全面与西方接轨，只在各领域具体的表现形式、实现形式方面保留了日本的传统文化特点。比如，日本在政治上引入了西方的君主立宪制，但保留了天皇作为君主的传统；日本政府也建立了类似于西方政府职能的财政部，但在叫法上保留了原有的称呼——大藏省。现在的日本，在基本社会理念上已经整个和西方社会并轨，和明治之前的日本已经发生了质的变化，相同之处只不过是保留了一些传统的形式而已。

鉴于中国文化改造之困境，中国文化界人士近些年又开始讨论中国文化改造的方向这一古老命题，著名的历史学家黄仁宇先生提出了“西学为体，中学为用”的新的改造思路。他的基本思想是：“体”是组织结构，是基本管理体制，对一个国家来说，包括政府行政系统、修宪与选举、军备与预算等，这方面要借鉴西学，以西学为主；“用”乃是精神与效能的发挥，这方面反而可以保持中国人的习惯与长处。从中国近一百多年的发展来看，我们在组织结构、社会体制方面越来越接近现代化，越来越接近西学，这是不争的事实，也是不可改变的世界潮流。

黄仁宇先生认为，所谓“西学”，不过是现代的思想与技术，绝大部分发源于西方。即使是西方，每一个国家从“朝代国家”改造为“民族国家”的过程，亦即从中世纪社会发展到现代社会的过程，也都要经过曲折和坎坷，也都曾在弃旧从新的过程中感受到体用间的彷徨。既然如此，我们早已毋庸为着“华夷之分”而踌躇，也根本毋庸为传统文化的命运担忧，顺从世界潮流即是最好的选择。

国家层面是这样，企业层面更是这样。现代企业的基本管理理念和治理结构是西方无数企业在市场经济环境下几百年探索的结果，西方各个国家的企业在从传统“家庭作坊”向现代企业过渡的过程中，也都会经历类似的体用之争，经历过传统与现代之争，而经过反复地摸索思考，在现代企业的基本管理理念和治理结构上最终殊途同归，达成共识。中国正处在进入商业社会的过程中，中国企业也正在经历由“家庭作坊”到现代企业的蜕变挣扎、犹豫彷徨的过程。面对世界无数优秀企业早已探索出的管理理念和治理模式，中国企业也根本不需要为“华夷之分”而踌躇，更不必为了追求自身特色，非要另辟蹊径，直接拿来照做就行了。可能其中有很多东西、很多理念在我们初学的时候还无法一时明白，但是不要紧，就像华为公司当年学习 IBM 一样，先僵化、固化，先削足适履，严格遵照别人的经验去做，之后才能够真正理解背后的原因，经过反复实践之后，如果发现仍然有些地方存在问题，就结合实际情况进行优化。

改革开放三十多年来，中国企业在文化改造方面试图通过多种方式进行突围，中国企业家在尝试着用各种可能的方式改造原有的企业文化，迄今为止，真正成功的并不多。在文化改造方面，最成功的中国企业群体，莫过于来自深圳的企业群体，华为、万科、中国平安、招商银行、中集集团、华侨城等。这些企业在经济发展和文化建设方面的成功，已经得到企业界、理论界、政治界等社会各界的广泛认可。仔细看一看这些企业的管理特点，你会发现，在他们身上，有一些惊人的相似之处：这些企业都是产权非常明晰的企业、都极为注重公司治理、都讲究规范化的管理、都有着强烈的市场意识、都强调平等和透明、都反对特权等。一句话，“西化”或者“港化”，是他们的共同特征。这些诞生于香港附近的内地企业，因为距离上的邻近而有机会更多地学习模仿香港企业的管理，在自觉与不自觉中，都接受了西方企业文化的滋养，自觉不自觉地走向了“西学为体，中学为用”的文化改造之路。

与深圳企业不同，中国的大多数企业在文化建设上还强烈地受着传统文化的影响，而且，很多企业家一直抱着一种信念：只有在中国的传统文化里找到根源和滋养，中国企业的文化建设才有可能成功。我的看法正好相反，中国企业的文化建设若要走出困境，实现突围，一定要提防传统文化的困扰，一定要摆脱中国传统文化中落后部分的拖累。从根本上讲，中国传统文化是从农业社会中孕育出来的文化，这些文化大部分难以适应商业社会环境，无法成为中国企业走向未来的指路明灯，相反，常常成为令中国企业误入歧途的、难以察觉的推手。马克斯·韦伯一百多年前说的，受传统文化的影响，中国既没有出现理性化的企业管理方式，也没有技术化的商业契约制度，可谓一语中的。

二、 企业家是 “第一推动力”

中国企业的文化再造，本质上是要克服企业员工群体原有的思维和行为习惯，培养新的思维和行为习惯，这是一个极为艰难的过程，这一过程在中国显得尤为艰难。

首先，需要改变的一系列群体惯性在中国已经持续了几千年，大家已经习惯到麻木、习惯到集体无意识，这些习惯的改变在企业内部受到利益阻力和心理阻力两大关键阻力的影响。利益阻力来自于传统习惯下的受益群体，或者说传统习惯状态下的既得利益者，改变一种传统习惯，比如，等级观念、提倡平等观念，必然会受到习惯了享受特权的利益阶层的百般阻挠，他们会找出一万个理由为传统的观念辩护，同样，他们也会想出一万种方式尽力阻止改变的发生。心理阻力来自于在传统习惯下形成的舒适感，以及新观念、新思维所带来的心理上对于不确定性引发的焦虑感，传统习惯越稳固，这种阻力就越强大。

其次，在中国当前的环境中进行企业文化变革，还有一个需要强调的阻力，即外部环境阻力。中国企业在进行内部文化改造的时候，外部社会文化并不会同步进行变革，预计在相当长的时间里，中国企业面临的外部社会文化环境依然会保持着原有的惯性，这等于是在大环境下逆水行舟，尤其艰难。

在外部惯性和内部惯性都比较强大的情况下，企业要想在文化上有所转变，就必须依赖企业领袖清醒的自觉意识和坚定的意志。

美国式民主的诞生从某种程度上说，就是华盛顿的个人理性与意志的产物。

案例

华盛顿与美国民主

在人类历史上，美国第一个废除君主制，实行民主共和制；第一个实行联邦制度，用宪法划分中央与地方的权限；第一个以成文宪法作为国家的根本制度；第一个完成了政教分离，把宗教信仰划入私人自主范围。这四个史无前例的“第一”，为美国二百多年的发展保驾护航，功不可没；对其他国家的制度建设影响巨大，世所公认。那么这四个“第一”是怎样被创造的？虽然答案很多，但大都绕不过美国第一任总统华盛顿。

正是华盛顿拒戴王冠，杜绝了君主制在美国的产生。1782 年 5 月，时任大陆军总司令的华盛顿收到了军队中一位老部下的来信，力劝他登基称王。这绝非空穴来风。独立战争打响之后，华盛顿受命于危难之际，以弱抗强，战功显赫，被北美人民视为救星、奉若神明。军队对中央政府软弱涣散、不能及时解决军饷极为不满，更是强烈要求华盛顿担任国王。环顾世界，东方是君主专制的天下，西方也依然眷恋君主制度。德意志和法国仍然是封建君主把持朝政，资产阶级掌权的英国虽然绞死了查理，但又从荷兰请来了威廉。北美13个殖民地的最高统治者是英国国王，“忠于国王”的观念根深蒂固，如果华盛顿戴上王冠，人们会视之为当然。尤其是他有军队的强力支持，登上王位易如反掌。

但华盛顿坚信民主共和思想，反对君主统治。他立即回信拒绝了老部下的请求：“先生，我可以肯定地告诉你，在战争进程中发生的任何事情，都没有像你所说的、军队中存在的那种想法更使我感到痛苦。我不得不怀着憎恶的心情看待并严厉斥责这种想法……我很难设想我有什么行为竟会鼓励你写这样的一封信，在我看来，这封信包含着可能降临到我们国家头上的最大危害……如果你重视你的国家，关心你自己或者子孙后代，或者尊重我，那么，我恳求你，从你的头脑里清除这些思想，而且绝不要让你自己或者任何别人传播类似的看法。”

同样，正是华盛顿拒绝总统终身制，开创了总统任期不过两届的先例，捍卫了官员实行限任制的民主原则。根据1787年宪法，美国总统每任4年，但并无限制连任的次数。这就意味着，只要条件具备，总统可以一直连选连任。由于华盛顿高尚的品德、卓越的才能和崇高的威望，像杰斐逊这样坚定的民主主义者也一度相信华盛顿这位第一任总统可能终身任职，但华盛顿没有这样做，他的至多连任两届的先例后来成了一条不成文的规定，罗斯福之后又以宪法修正案的形式将它变为一项制度。

正是华盛顿主持制定了宪法，使美国有了立国之本。他担任了费城制宪会议的主席，确立了议事规则，主席台上他依章办事，寡言少语；主席台下他周旋于每个代表之间，为代表之间的相互沟通营造氛围。由于与会者中许多人曾是独立战争时期他的老部下，或在他的弗农山庄蒙受过殷勤招待，甚至许多人虽未见过他，也为其威望所折服，所以，华盛顿常常能在他们中间起到平衡、协调的作用。例如，当代表们为参、众两院的名额争执不下时，他立即主张放弃原来的观点，将参议院的名额改为大、小州一律平等。他向麦迪逊说："这样做可以换取他人在其他问题上的让步，有利于整个宪法的通过。"在会议的最后一天，当有某位代表提出众议院代表应由4万人产生一名改为3万人产生一名时，华盛顿恐怕因此再起争执而影响宪法的通过，遂起而表示，希望大家赶快通过这一提案。结果，因"大家都希望以华盛顿的愿望行事"而一致同意了这一方案。

正是华盛顿支持联邦党人，促成了美国三权分立、联邦制和政教分离原则的确立。费城制宪之前的美国实行的是每个主权独立州结盟的邦联制，各州之间政体和政教关系不尽相同。制宪会议之前，华盛顿就与联邦党人麦迪逊书信探讨过这些问题。制宪会议召开之初，麦迪逊设计的方案得到了华盛顿等弗吉尼亚代表的支持，并被作为"弗吉尼亚方案"①在大会上提出。华盛顿知道，要使代表们接受这一方案具有很大风险。因为它要摆脱邦联

---

① "弗吉尼亚方案"：1787年美国宪法建立过程中的一个方案。

第一，议会采用两院制，两院代表由人口多少决定。下院由人民直选，上院由各州议会提名、由下院选举。议会具有否决各州所立法律的权力。

第二，创建行政首脑职位，行政首脑由立法机关选举产生。

第三，创建最高法院，成员由立法机关指派。

条例的束缚，削弱各州的权力，遇到反对意见在所难免。但是他认为必须这样做。“我们提出的方案很可能一个也通不过，也可能会发生激烈的论战。假如为了迎合所谓的民心，我们提出一些连我们自己都不赞成的提案，以后我们怎么能保证自己的工作呢？我们应该制定一个可供聪明正直的人们修改的方案，结果如何，全在天意了。”经过一番讨论，这个方案虽然做了不少修正，但联邦制、三权分立、政教分离等基本原则被采纳了。

联邦制虽然确立了，但因长期以来，美国有邦无国，州自为政，州长就是最高行政长官。在一些人眼中，州长、总统是平起平坐的关系。华盛顿建立了新规矩，联邦政府应居于各州政府之上。华盛顿在一次出巡进入马萨诸塞州时，该州州长亨科克故意称病不出来迎接。华盛顿不甘示弱，他以拒绝出席州长宴会加以回敬。终于，美利坚合众国总统的强硬态度压倒了亨科克的地方主义气焰。亨科克致函华盛顿，对不能及时出迎总统表示歉意，并请求会见。得到批准后，亨科克乘马车冒雨来到华盛顿下榻之处，拜会总统阁下。

正是华盛顿具有高尚的品德和高瞻远瞩的视野，他既没有像英国克伦威尔那样从革命军的总司令演变成一个独裁者，也没有像法国的拿破仑那样利用自己的威望戴上皇冠。他的美德阻止了旧制度的复活，推动了新制度的诞生，许多做法演变成了日后的规则。现代法治不是在“道高一尺，魔高一丈”的防恶过程中趋于完善，就是在身先士卒的榜样示范过程中百炼成钢，善和恶共同推动着法治的进程。

中国企业文化变革的环境同美国政治文化变革的环境类似，要想走出民主的新道路，必须依赖华盛顿式的领袖人物推动，事实也正是如此。中国企业文化再造最成功的华为公司出了任正非这样的人物，从任正非对外发表的《华为的冬天》《北国之春》《天道酬勤》《我的父亲母亲》等文章中，能够明显地感受到一个企业领袖的文化反思和对历史的清醒认识，你可以从任正非在华为引进 IBM 业务流程时确定的“先僵化、后优化、再固化”的原则中，看出一位企业家对于改变传统习惯的决心。

三、机制是“持续推动力”

一种理念，若要长久，若要强势，必须通过“变法”。通过“变法”把理念作为制度之精神，把制度作为理念之臂膀，理念与制度相融，文化再造才具有可持续性。如果仅仅是理念宣导，在内部机制、制度、政策、流程方面不做改变，文化仍旧难以改变。

比如，在企业中要改变中国传统的职业观，明确的倡导、宣传是必不可少的，但最重要的是企业必须做出制度上的安排，特别是在事关员工切身利益的人力资源管理领域，要做出必要的安排。

首先，在职业上升通道方面，企业必须为非管理人员设计好职业上升通道，让技术人员、业务人员、操作人员等不同序列的员工都有清晰的职业上升通道。同时，这种通道一定要足够长，可以让一名不断进取的员工在自己的专业通道上有足够的上升空间，只有这样，才能避免最后各个专业的优秀人士都挤向管理通道。

其次，要做出薪酬上的安排。原来中国大多数企业的薪酬主要是与员工的行政级别挂钩，行政级别越高，工资就越高，未来必须打破这种与行政级别单一挂钩的情况。技术人员、业务人员不必拥有行政级别，可以拥有自己的专业级别，而且这种专业级别是独立于行政级别的。比如，一名木工，有一到八个级别，如果你能够达到八级木工的水准，你的工资就有可能比企业的副总还要高，只有这样，他才能专心、甘心干好木工工作，才能够为企业创造出一流的木工产品。

专业的上升通道、独立于行政级别的专业级别、与各自专业等级挂钩的薪酬制度，这些制度在企业中都必须建立起来，只有这些制度建立起来，中国社会的传统职业观才能够在企业中得到转变。

企业在完成理念设计之后，对制度体系的审查、审计和再设计是文化能否转变、转变能否持续的关键。仔细检查，你会发现，我们习以为常的制度背后往往隐藏着我们熟知的落后理念，如果这些制度不及时改变，新的理念就很难立足，而制度的改变有时往往会面临技术和政治双重阻力。技术阻力是我们对新理念所需制度的陌生感，我们需要相当长的时间的探索；政治阻力是制度变革涉及的内部利益群体的阻力，旧制度的受益者肯定会想方设法地维护旧制度。克服这两个阻力，制度变革才有可能成功。

其实，中国企业文化再造较为成功的企业，背后都已经建立起较为完善的制度体系，可以说是完善的制度体系保证了文化再造的成功。华为“以奋斗者为本”的企业文化理念的确立与华为以任职资格为核心的人力资源管理体系的建设密不可分，而华为“以客户为中心”的企业文化理念的生根与华为以 IPD（集成产品开发）为代表的业务流程建设密不可分。

个人的力量都是暂时的、有限的，而制度的力量是长久的，从某种意义上来说，甚至是无限的。中国企业的文化再造，最终一定要依托于中国企业管理制度的再造，制度才是推动变化的可持续力量，但是这种制度一定是在正确的文化方向指导下的制度。

四、用“武化”锻造“文化”

文化大师梁漱溟先生在讲述中国文化的弱点，以及如何弥补这些弱点时，认为中国文化和西方相比，存在4个方面的问题：一是缺少公德意识；二是缺少纪律性；三是缺少组织能力；四是讲人情而轻法制。这4个方面的缺陷恰恰是当代工业化社会所必需的，是中国不能够组织起来快速进入工业化社会的关键障碍。梁漱溟进一步讲，中国文化存在前面4个方面问题的根本原因是，中国人缺少组织化生活体验，而欧洲人经过近千年贯穿中世纪的绵延不断的战争，组织化生存的意识已经深入骨髓，组织素质极为强大，所以进入工业社会更容易。

管理大师彼得·德鲁克在其著作《工业人的未来》一书中，一再提到组织化是现代社会区别于以前社会最明显的特点，组织化生存能力是现代人必须拥有的最基本的素质和能力。德鲁克的观点从另外一个角度佐证了梁漱溟对中国传统文化深层缺陷认识的深刻性。

梁漱溟对中国文化弱点的分析还远不止于此，更让人兴奋的是他对如何弥补中国传统文化弱点的看法。梁漱溟认为，弥补这种文化缺陷的方式不是要通过“文化”说教，而是要通过“武化”教育（军事训练和类军事训练），要通过“武化”的方式进行“文化”教育，更为通俗地讲，是通过“武化”的方式让人获得组织化生活体验，从而训练人的公德意识、组织能力、纪律性和法制观念。

看到此，多年来被文化落地问题困扰的我有一种醍醐灌顶、茅塞顿开的感觉。近十年来，我们一直致力于为企业总结理念、编写案例、起草制度、举办培训，一直力图通过“文化”的方式让企业文化有所改变，让企业文化能够落地，虽然有时候有一些成效，但做的过程中总有一种“拳头打在棉花上”的感觉。再看看中国企业如火如荼地进行着的文化建设，新名词、新概念、新口号层出不穷，各种各样的宣传、宣贯、宣教、宣讲形式更是让人眼花缭乱，但很少有企业能够在文化建设中取得显而易见的成效。大家似乎在文化建设的道路上不约而同地走向了歧途。

梁漱溟用“武化”的方式训练“文化”的观点似乎点到了问题的关键，沿着这个思路思考下去，文化建设的另一条路径似乎更加明朗。

先看看中国企业的文化建设实践。中国的企业文化建设可圈可点的地方虽然不多，但也有一些与众不同的企业，比如，华为、海尔、万科、联想等。这些企业进行文化建设的具体方法，我不是特别清楚，但这些企业都有一个相同的特征，即这些企业的创始人都是军人出身，也就是说，这些企业的企业家本人在创立企业之前，都接受了来自军队的“武化”式的文化训练。同时，可以肯定地说，军队中的“武化”式的文化训练被这些企业家自觉不自觉地运用到了自己所建立的企业中，并成为这些企业日常管理的风格，这些可以从任正非诸如“让听得见炮火的人做决策”等军事化的管理语言，以及王石的“企业要规范化运营”的口头禅中获得印证。

在世界范围内再看一看。西点军校并不是专门讲商学、讲管理的，但西点军校的毕业生凭什么能够在企业管理上超越哈佛商学院？用梁漱溟的观点似乎可以给出让人信服的解释，即西点军校以武化训练的方式给了他的学生最可贵的组织化生活体验，并在这种体验中训练和强化了学生的公德意识、纪律性、组织能力和法制观念。而这正是企业文化建设中最核心的文化素质，这些学生转业后又把西点军校的武化训练方式自觉不自觉地运用到自己建立的企业中。

再来看看被誉为二十世纪后期全球经济奇迹的亚洲四小龙，除了中国香港以外，中国台湾、新加坡、韩国无不是全民兵役制的地区或国家。同为亚洲人，同受儒家文化几千年的熏陶，同样缺少组织纪律性，为什么这些地区、国家在工业化、现代化的道路上走得更顺利？虽然有着地缘、政治等方面的解释，但有一点任何人都无法否认，全民兵役制，以及全民兵役制所带来的武化训练对文化的改造和提升，对这些国家的工业化起到了非常重要的作用，这是一种长期被忽视，但是实实在在一直起作用的因素。

依据此说进一步联想，新中国成立初期，中国经济的快速发展和快速工业化，和中国人民经历的长达半个世纪的三次国内战争和抗日战争有很重要的关系。在近半个世纪的战争中，很多人都有组织纪律性，再加上新中国成立后的朝鲜战争、台海对抗等原因，群众性的练兵运动一直没有停止过，这种持续的、不间断的武化训练为中国同步进行的工业化提供了大量的具有组织纪律性的人力资源队伍，为经济的工业化提供了强大的文化动力。

最近，电视里经常播出我国三线建设时期的电影和电视剧，我经常为那个时期人们的国家意识、集体意识、组织纪律意识感到诧异。成千上万的知识分子、国家干部为了国家利益自愿放弃城市、自愿放弃家庭而扎根深山、大漠几十年，这种行为在现在看来几乎是不可理喻的，在那时却是普遍的价值选择。新中国成立初期，国人的精神风貌与晚清时期国人的精神风貌几乎有了革命性的改变，短短半个世纪，是什么促成了这种改变？寻遍万千理由，战争磨炼与军事训练是最能够让人信服的理由。

战争磨炼和军事训练的文化改造作用不用再多讲，但问题是现代社会很难再有大规模、长期战争的机会，各个国家也都在纷纷裁军，寄希望于战争与军事改造国民文化似乎是一种荒谬的想法。但是，战争可以没有，军队可以裁减，战争环境和军事训练方式却可以在现实中进行模拟，于是，在实践中有了企业式的军训、体育竞赛。而且，和欧洲中古时期相对单一的军事化组织训练相比，现代社会有了更多的组织纪律性选择，即体育。发源于雅典奥林匹亚山的奥林匹克运动会已经成为现代人类最重要的体育赛事和最喜欢的文化盛事，而体育教育已经成为中国从小学到大学的必需内容。中国人虽然经历了近百年的现代化探索，但是至今仍然缺少组织纪律性，不是因为军事和体育训练手段的武化训练方式不好，而是我们没有给予足够的重视，没有在每个人身上投入更多的武化训练时间。

不但如此，那时候的教育思想也是先进的，德智体美劳，特别是体育被提到与德育、智育同等重要的水平。学校里，体育课程非常正规，企业和其他类型的组织里，体育活动很重要。

改革开放以后，推行市场经济以来，经济效益被各类企业推到首位，学校看中知识智力教育，或者更准确地说，是应试教育被推到首位，与经济效益和考试成绩关联不大的企业文体活动和学校体育教育逐渐被冷落，甚至被停止，企业中的工会成为无事可做的部门，学校中的体育教师成为最不受重视的群体。更可笑的是，从事文化研究的人，也开始不约而同地贬低、嘲笑学校和组织中的文体活动，认为那是无关素质提升和文化建设的多余的娱乐活动，而德育教育变成枯燥乏味的教条，文化建设变成极为空洞的文字游戏。于是，学校中各种各样的德育教材层出不穷，企业中价值观、理念、企业精神漫天飞，这种势头到现在还没有被遏制，仍然是主流。这无疑是可悲的倒退，其结果也是显而易见的，很多学校张口闭口素质教育，但发现越来越难以让学生接受；很多企业热衷于企业文化建设，但发现教条越多，企业越没有文化。

值得庆幸的是，在大家都走向误区的时候，也出现了一些成功的例子。

2011 年，清华大学的百年校庆，引起全民的关注。清华大学以理工科教育出名，学校汇聚了一大批世界级的理工方面的泰山北斗。但是，清华大学除了理工科教育突出之外，还有一点也是非常突出、但并不为人关注的，那就是体育教育。

游走在美丽的清华园，在到处可见的名人雕塑中，最多的是扬名中外的科学家，其次是国学大师，除此之外，还有一尊雕塑也非常引人注目，这就是在清华大学操场旁的马约翰的雕像。和诸位科学家、国学大师相比，马约翰的知名度显然和他们无法相比，很多人不知道马约翰是谁，甚至连马约翰这个土不土、洋不洋的名字都没有听说过，马约翰何以能够和这些名扬世界的科学家、国学大师并肩屹立在清华大学的校园里？马约翰是清华大学体育教育的创始人，也是清华大学体育教育传统的开启人，清华大学有一句清华人非常熟悉而外人不一定知道的校训，那就是：“每天锻炼一小时，为国服务五十年。”

很多人知道清华人很聪明，但很多人不知道清华人很强壮，大部分人更不知道，清华人很有组织纪律性。笔者认为，清华人之所以能够在各个领域取得非凡的成就，系统的科学教育固然重要，系统的体育教育，以及系统持久的体育教育所养成的组织精神同等重要，这正是马约翰体育教育理论最让人深思的观点，也是马约翰能够和科学家、国学大师比肩的资本。用梁漱溟的理论讲，马约翰通过体育训练赋予了清华大学正确的文化教育观，从而使清华大学的教育在全国高校都走向智育极端的时候，始终保持着正确的方向。

列举这么多，无非是想强调一个道理，文化建设的目的是想改变人的思想和行为，而人的思想和行为的改变很难通过课堂教育、“文化”的方式解决，必须通过让人们获得足够的组织体验解决，即通过军事训练和体育训练的“武化”方式解决。

军事训练和体育训练不仅是必需的，而且是至关重要的。当然，这样讲并不意味着现在的军训或者体育运动不需要改变和提升，我只是强调这种方式是必需的，但具体如何在企业内或者学校内开展军事体育训练，我们需要专门研究，需要探讨更有效的、更容易让现代人接受的军事和体育训练方式。体育训练也不仅仅指狭义的体育，游戏也是广义的体育训练的一部分，也是文化建设非常有效的方式，很多企业在这方面已经取得了很好的经验，这些经验甚至已经引起国外研究文化的专家的注意。比如，阿伦·肯尼迪在最新的企业文化著作中，已经开始关注游戏在文化建设中的作用，并专门用一章的篇幅介绍一些企业的具体做法和取得的效果。

《西学为体，中学为用》摘要

如何确定新时代的历史观——西学为体·中学为用

（编者按）：黄教授为著名历史学家，曾任教于纽约大学历史系，尤精于明史。主要著作有《万历十五年》《中国大历史》《资本主义与二十一世纪》等。本篇论文原为在台湾地区发表之演说稿，亦为黄教授首度在网络杂志发表之文字。

……

大约距今约一百年张之洞作《劝学篇》（一八九八年刊）内中提及“图救时者言新学，虑害道者守旧学。旧者不知通，新者不知本。”这是“中学为体、西学为用”理论上的根据。

一百年后我们的食衣住行，对人态度、社会习惯，以及日用词汇，都与晚清末年有了至大的差别，看来接受西方的经验多，全部因袭于传统的有限。这并非我提倡应当如此；而是实际的发展确已如此。

况且我们所引的“体”与“用”也与前人所叙不同。在我看来，体是组织结构，对一个国家讲包括政府行政系统、修宪与选举、军备与预算等。就此看来，今日也仍是受西方的影响大，保留旧有的习惯少。即是今日之悬挂国旗唱国歌参加国际会议与竞技比赛，都与体制有关，也都与西方习惯衔合。唯独“用”乃是精神与效能的发挥，反可以保持中国人的习惯与长处，做到张之洞所谓“知本”。

一百年前若有人预知今日中国效法西洋的程度，必定会蹙首长叹。这也是标榜“中学为体、西学为用”所作界限之用心。殊不知我们所谓“西学”，大概不过现代的思想与技术，绝大部分只在近五百年内发源于西方。即是西方每一个国家从“朝代国家”改造而为“民族国家”的过程中，亦即从中世纪社会进展到现代社会的过程中，也都要经过一段折磨，也都曾在弃旧从新的过程中感受到体用间的彷徨。既然如此，我们早已毋庸为着“华夷之分”而踌躇。今日各位送孩子上学，也必叮咛他们注重外文，接受西方的自然科学不算，还要在政治学、经济学、心理学诸方面迎合西方的新思潮。课后也在打棒球、学芭蕾舞、娴习西方乐器，而海外华裔人士之出人头地，也在这方面出类拔萃的为多。这样看来更只有适应潮流，只能体会古今之不同，而无从重视中外之别了。

然则中国传统之长处、宗教思想、伦理观念做人处世的宗旨应当放在甚么地方？中国是否应放弃传统文化而彻底抄袭西方？

德国十八世纪哲学家赫德（Johann Gottfried von Herder）极力倡导“民族精神”（Volksgeist）这一观念。他认为每个民族和每个国家在其发展的过程中即已创造其独特之风格。

这民族精神之一观念，也是黑格尔提倡宪法乃是长期累积而成不容临时制造之凭借。

赫德所提倡的民族精神，并非穷兵黩武，而系有创造性艺术性的成就，见于诗歌及文艺。主张这样的见解也不只他一人，像英国政治家柏克（Edmund Burke，原籍爱尔兰）反对法国大革命之过激，主张对美洲殖民地宽厚，至今被奉为欧洲保守主义之巨擘，也曾提及若国家为人民公约组成，这公约应包括死者生存者及尚未出生之下一代，保存着科学和道德，不能像买卖胡椒、咖啡、烟草与印花布那样的方便。而我在这里提出的民族精神也非暴虎冯河死而无悔的匹夫之勇。那样粗犷性格始终不是中国人之本性。

如果我们引用长远眼光纵观历史，不难看出中华民族特殊的精神，无逾人本主义的根基巩固。人本主义（humanism）即是以人情为主体。其立场并不反对宗教，但无须宗教之神秘性格，有如“祭人如人在，祭神如神在”，和“敬鬼神而远之”。它也不待于逻辑之完整，因为逻辑乃是办事时之工具，并非掌握全部人类思潮之主宰。

中国之人本主义尚且不分畛域，有接近世界主义之趋向，有如“舜东夷之人也，文王西夷之人也”，和“昔黄帝有子二十五人，或内列诸华，或处份荒服”。也必会站在防御战的立场而不主张发动侵略战争，才有“矢人惟恐不伤人，函人惟恐伤人”的说法。而其最重要的关键则是“不为己甚”，“忠恕而已矣”。

儒家的思想，纵受法家与道教的折中和调节，主要的是一种入世的思想。个人之希望永存也不过敬宗法祖子孙相继，在血缘关系上得到永久的存在。因为爱自身才推己及人。于是是非之心、恻隐之心、羞恶之心一时并往诸来。因之才老吾老以及人之老，幼吾幼以及人之幼，才有修身齐家治国平天下的秩序。

这样说来，我岂不是也陷入“诗云子曰”的窠臼，在宣扬“尊卑、男女、长幼”的社会价值，回归到鲁迅所谓“吃人的”旧礼教？

此间有一个根本的不同，这也是“西学为体，中学为用”的精义之所在。君主专制体系之提倡道德，以狭义的道德，写进硬性的刑法里去，“诗云子曰”构成士大夫特殊人物进身之阶，各人以道德标榜自称君子，斥旁人为小人，以发动党争，争取名位。“体制”与“用途”之不同，有如“政”“教”之分离。今日提倡之伦理道德，则在程序上次于法律，而品位上高于法律。各人既为公民，首先必受权利与义务的约束，断无不守法而知礼的道理，也不当以名誉要挟，逼人为善。更不能以一己主见，自以为是“理性”而违反经过技术上程度之立法。

中国革命业已推翻了“尊卑、男女、长幼”的桎梏，因为这种教条成为法律，造作人为的不平等，妨碍社会上公平而自由的交换，迟滞了社会的进化。可是这并非主张在百姓日用的场合上讲，连各人自动的敬老尊贤也要摒斥，家庭成员的分工合作之和谐也算反动。“藏富于民”做得不好，使税收短缺，政府无从为人民服务，于是只重管束，已经我们批判。可是这也不是主张民间应无丝毫储蓄，所得应涓滴归公。提倡“西学为体，中学为用”可以判明此间之是非。

而且中国人人本主义的精神始自家人亲友，也无法禁断。前些日子我遇到小说家张大春，我刚一提及数十年不去大陆，旧地重游时发现凡所交往接触，昔日之人情味依旧。他立刻首肯，因为他所闻所见也与在台湾的经验相似。可见得传统文化的力量源远流长，不因体制改组而湮灭，虽“文化大革命”亦不能使其动摇。

中国人所谓“学”含义极为广泛，包括自然法规（law of nature）、诗歌文艺、人伦道德。换言之，不仅是知识，实际是教育。所以古籍中很多资料，而尤以《诗经》《四书》《左传》《庄子》和《史记》等，或陶养性情或放宽视界，而帮助年轻人自我的树立律己的原则和主敬仗义的精神。从这些资料中，我们也才能产生海内外华人之共识。既称为“用”，则可以接受过去的安排，不必另造成系统，指定解释的权威。这些资料的引用，当然要有选择性和适应性。我们当然知道今人无法守“三年之丧”，也不能动辄“触槐而死”，也不能因人家“日进车骑美女”即仗义轻生。

我们要知道时至今日，在美国教堂里做礼拜，牧师与信徒读“摩西十诫”，犹且将“你不当觊觎邻人的妻子”和“你不当觊觎邻居的牛”说在一起。我曾亲耳听到一位“星期天教师”（sunday school teacher，当成人在教堂礼拜时在隔室以基督教义讲释于孩童前的教师）说及，当她讲释耶稣教人被旁人批頬时，可以将另頬请他照批一节曾引起孩童的轰动。他们都说要是被人欺负而不还手，他们的父亲将会不理睬他们了。此中包括一个言辞与习惯的问题。以纪律约束自己的贪枉和替对方着想都是基本原则，如何实际运用今昔环境不同。

“用”必须因“体”而调节

从最长远的眼光看来，中国历史之发展以公元前因环境需要构成政治上的初期早熟，所有文化上之传统即在此时具定型……二千年来法律既无新创意，经济进后反退，政治思想里即不可能有划时代的突破，总之即无法避免官僚政治的体系。宋儒所提倡非只个人之修养，他们以为用宗教式的虔诚感应，透过正心诚意，即可以治国平天下。因为物有阴阳，气有清浊，即反应而为事有正邪人有善恶，或依“天理”或循“人欲”。因之将所有的技术问题说成一个道德问题，导引出来“君子”与“小人”之争。至此将伦理之理、心理之理、物理之理和地理混为一谈，用美术化的方法互相影射。在尚未产生一个“牛顿型的宇宙观”之前，先产生了一个“爱因斯坦型的宇宙观”。

……

我不能从长远的历史眼光看来，承认宋元明之理学是推进中国之工具，尤不能相信它代表中国人之民族性格。

……

即不能极度的恭维朱熹与王阳明诸人，也并不是要将他们的名字，摒除于中国通史之外。只不过阐明他们未能在官僚政治之外另辟途径，中国才在二十世纪须要全面改造，推究其因果时我们只得借重西欧的科学家，而在体制上讲，中国之现代化与西化区别至微。倒是在改造的过程中传统精神再度活跃。

蒋介石手订的《军人读训》(一九三六)之序提及:“如何而后可以保我祖先遗留之广大土地?如何而后可以保我繁衍绵延生生不息后代之子孙?如何而后可以保我国家独立自主之国权?”已经标榜着一个作防御战，在血缘关系下求永存的宗旨。他所作对联“生活之目的在增进人类全体之生活，生命之意义在创造宇宙继起之生命”(一九二四)则更有一个超过民族主义进入世界主义的趋向。毛泽东虽自承为马克思的信徒，动辄标榜阶级斗争，在他不经意的时候却流露着他所受传统教育的影响无可推卸，有如不受逻辑拘束的“愚公移山”，和他所作诗“春风杨柳万千条，六亿神州尽舜尧”以美术化的方法和道德观念支持革命的实践。邓小平之趋向人本主义的表现更为明显，见于他的口语，也见于他的生活照片。中国的长期革命是传统精神持续的发扬之后果。

结论

西方因受宗教上“原罪”（original sin）观念的影响，承认人性为恶，自柏拉图（Plato）至奥加斯汀（St. Augustine）都否认人间可能有至美至善的组织。所以民事政府不过问个人良心之事，只规约各个人不侵犯旁人，对公众也只尽有限的义务，其他忏悔赎过良心上之事概由教堂处理。这种有限度政府（limited government）平日干预各人生活不深，技术上之能力反繁复。一方面也是由于经济发达，凡民事都可推送到货币头上去。政府只要厘定税收条例，利息限度，工资与雇佣关系，遗传与破产程序等等，即已大致完成其管制之职责，无须事前干预各人行为，至私人之争执更是法庭之事，一般情形之下无须普遍的使用警察权。

但是这种体系及其日用之规范，经过几百年实用而成，而且近身之改革无日无之，有时反复修订。中国放弃传统昊天明命的皇权，尊卑、男女、长幼的社会结构，和民间彼此放债收租的习惯已经在民主与自由的途径上猛进一步。今后的修订还待两种思想体系琢磨切磋而成，尤待经济继续发展构成多边社会之需要而定。此时如放弃精神上之力量和人本主义之精粹，一意在抄袭西方，尤以在大陆法制尚未完备时，各人即在争取个人主义之权益，都只会迟滞民主与自由的展开。

不仅如此，中国传统的人本主义和世界主义的精神尚有它特殊的任务在。

……

世界各国全面目竞争的局面已成往迹，今后各国衷心合作成为不可避免的途径，操纵阳光的能源，改造地形，修整工业对环境的污染破坏都是超过一个国家能力的工作，都需要大量投资也都可以在分工合作的条件中赋予先进国家及改造过程中的国家如中国全面雇佣的机会。

古人说“继绝世举废国，柔远人，来百工”虽然免不了自高的语气，却为其他世俗文学里所无，只有宗教的经典里才有类似的说法，尚且未曾说得如是剀切。今日中国为着本身之安全和对全人类的贡献都有继续着此传统之必要。可是将这些响亮的名目付诸实施前，台湾海峡的两岸三方务必增强互信。以历史代替意识形态，也就是接受历史的仲裁。

延伸阅读

《华为基本法》

第一章　公司的宗旨

一、核心价值观

（追求）

第一条　华为的追求是在电子信息领域实现顾客的梦想，并依靠点点滴滴、锲而不舍的艰苦追求，使我们成为世界级领先企业。

为了使华为成为世界一流的设备供应商，我们将永不进入信息服务业。通过无依赖的市场压力传递，使内部机制永远处于激活状态。

（员工）

第二条　认真负责和管理有效的员工是华为最大的财富。尊重知识、尊重个性、集体奋斗和不迁就有功的员工，是我们事业可持续成长的内在要求。

（技术）

第三条　广泛吸收世界电子信息领域的最新研究成果，虚心向国内外优秀企业学习，在独立自主的基础上，开放合作地发展领先的核心技术体系，用我们卓越的产品自立于世界通信列强之林。

（精神）

第四条　爱祖国、爱人民、爱事业和爱生活是我们凝聚力的源泉。责任意识、创新精神、敬业精神与团结合作精神是我们企业文化的精髓。实事求是是我们行为的准则。

（利益）

第五条　华为主张在顾客、员工与合作者之间结成利益共同体。努力探索按生产要素分配的内部动力机制。我们绝不让雷锋吃亏，奉献者定当得到合理的回报。

（文化）

第六条　资源是会枯竭的，唯有文化才会生生不息。一切工业产品都是人类智慧创造的。华为没有可以依存的自然资源，唯有在人的头脑中挖掘出大油田、大森林、大煤矿……精神是可以转化成物质的，物质文明有利于巩固精神文明。我们坚持以精神文明促进物质文明的方针。

这里的文化，不仅仅包含知识、技术、管理、情操……也包含了一切促进生产力发展的无形因素。

（社会责任）

第七条　华为以产业报国和科教兴国为己任，以公司的发展为所在社区做出贡献。为伟大祖国的繁荣昌盛，为中华民族的振兴，为自己和家人的幸福而不懈努力。

二、基本目标

（质量）

第八条　我们的目标是以优异的产品、可靠的质量、优越的终生效能费用比和有效的服务，满足顾客日益增长的需要。

质量是我们的自尊心。

（人力资本）

第九条　我们强调人力资本不断增值的目标优先于财务资本增值的目标。

（核心技术）

第十条　我们的目标是发展拥有自主知识产权的世界领先的电子和信息技术支撑体系。

（利润）

第十一条　我们将按照我们的事业可持续成长的要求，设立每个时期的合理的利润率和利润目标，而不单纯追求利润的最大化。

三、公司的成长

（成长领域）

第十二条　我们进入新的成长领域，应当有利于提升公司的核心技术水平，有利于发挥公司资源的综合优势，有利于带动公司的整体扩张。顺应技术发展的大趋势，顺应市场变化的大趋势，顺应社会发展的大趋势，就能使我们避免大的风险。

只有当我们看准了时机和有了新的构想，确信能够在该领域中对顾客做出与众不同的贡献时，才进入市场广阔的相关新领域。

（成长的牵引）

第十三条　机会、人才、技术和产品是公司成长的主要牵引力。这四种力量之间存在着相互作用。机会牵引人才，人才牵引技术，技术牵引产品，产品牵引更多更大的机会。加大这四种力量的牵引力度，促进它们之间的良性循环，就会加快公司的成长。

（成长速度）

第十四条　我们追求在一定利润率水平上的成长的最大化。我们必须达到和保持高于行业平均的增长速度和行业中主要竞争对手的增长速度，以增强公司的活力，吸引最优秀的人才，和实现公司各种经营资源的最佳配置。在电子信息产业中，要么成为领先者，要么被淘汰，没有第三条路可走。

（成长管理）

第十五条　我们不单纯追求规模上的扩展，而是要使自己变得更优秀。因此，高层领导必须警惕长期高速增长有可能给公司组织造成的脆弱和隐藏的缺点，必须对成长进行有效的管理。在促进公司迅速成为一个大规模企业的同时，必须以更大的管理努力，促使公司更加灵活和更为有效。始终保持造势与做实的协调发展。

四、价值的分配

（价值创造）

第十六条　我们认为，劳动、知识、企业家和资本创造了公司的全部价值。

（知识资本化）

第十七条　我们是用转化为资本这种形式，使劳动、知识，以及企业家的管理和风险的累积贡献得到体现和报偿；利用股权的安排，形成公司的中坚力量和保持对公司的有效控制，使公司可持续成长。知识资本化与适应技术和社会变化的有活力的产权制度，是我们不断探索的方向。

我们实行员工持股制度。一方面，普惠认同华为的模范员工，结成公司与员工的利益与命运共同体。另一方面，将不断地使最有责任心与才能的人进入公司的中坚层。

（价值分配形式）

第十八条　华为可分配的价值，主要为组织权力和经济利益；其分配形式是：机会、职权、工资、奖金、安全退休金、医疗保障、股权、红利，以及其他人事待遇。我们实行按劳分配与按资分配相结合的分配方式。

（价值分配原则）

第十九条　效率优先，兼顾公平，可持续发展，是我们价值分配的基本原则。

按劳分配的依据是：能力、责任、贡献和工作态度。按劳分配要充分拉开差距，分配曲线要保持连续和不出现拐点。股权分配的依据是：可持续性贡献、突出才能、品德和所承担的风险。股权分配要向核心层和中坚层倾斜，股权结构要保持动态合理性。按劳分配与按资分配的比例要适当，分配数量和分配比例的增减应以公司的可持续发展为原则。

（价值分配的合理性）

第二十条　我们遵循价值规律，坚持实事求是，在公司内部引入外部市场压力和公平竞争机制，建立公正客观的价值评价体系并不断改进，以使价值分配制度基本合理。衡量价值分配合理性的最终标准，是公司的竞争力和成就，以及全体员工的士气和对公司的归属意识。

第二章　基本经营政策

一、经营重心

（经营方向）

第二十一条　我们中短期经营方向集中在通信产品的技术与质量上，重点突破、系统领先，摆脱在低层次市场上角逐的被动局面，同时发展相关信息产品。公司优先选择资源共享的项目，产品或事业领域多元化紧紧围绕资源共享展开，不进行其他有诱惑力的项目，避免分散有限的力量及资金。

我们过去的成功说明，只有大市场才能孵化大企业。选择大市场仍然是我们今后产业选择的基本原则。但是，成功并不总是一位引导我们走向未来的可靠向导。我们要严格控制进入新的领域。

对规划外的小项目，我们鼓励员工的内部创业活动，并将拨出一定的资源，支持员工把出色的创意转化为顾客需要的产品。

（经营模式）

第二十二条　我们的经营模式是，抓住机遇，靠研究开发的高投入获得产品技术和性能价格比的领先优势，通过大规模的席卷式的市场营销，在最短的时间里形成正反馈的良性循环，充分获取“机会窗”的超额利润。不断优化成熟产品，驾驭市场上的价格竞争，扩大和巩固在战略市场上的主导地位。我们将按照这一经营模式的要求建立我们的组织结构和人才队伍，不断提高公司的整体运作能力。

在设计中构建技术、质量、成本和服务优势，是我们竞争力的基础。日本产品的低成本，德国产品的稳定性，美国产品的先进性，是我们赶超的基准。

（资源配置）

第二十三条　我们坚持“压强原则”，在成功关键因素和选定的战略生长点上，以超过主要竞争对手的强度配置资源，要么不做，要做，就极大地集中人力、物力和财力，实现重点突破。

在资源的分配上，应努力消除资源合理配置与有效利用的障碍。我们认识到对人、财、物这三种关键资源的分配，首先是对优秀人才的分配。我们的方针是使最优秀的人拥有充分的职权和必要的资源去实现分派给他们的任务。

（战略联盟）

第二十四条　我们重视广泛的对等合作和建立战略伙伴关系，积极探索在互利基础上的多种外部合作形式。

（服务网络）

第二十五条　华为向顾客提供产品的终生服务承诺。

我们要建立完善的服务网络，向顾客提供专业化和标准化的服务。顾客的利益所在，就是我们生存与发展的最根本的利益所在。

我们要以服务来定队伍建设的宗旨，以顾客满意度作为衡量一切工作的准绳。

二、研究与开发

（研究开发政策）

第二十六条　顾客价值观的演变趋势引导着我们的产品方向。

我们的产品开发遵循在自主开发的基础上广泛开放合作的原则。在选择研究开发项目时，敢于打破常规，走别人没有走过的路。我们要善于利用有节制的混沌状态，寻求对未知领域研究的突破；要完善竞争性的理性选择程序，确保开发过程的成功。

我们保证按销售额的10%拨付研发经费，有必要且可能时还将加大拨付的比例。

（研究开发系统）

第二十七条　我们要建立互相平行、符合大公司战略的三大研究系统，即产品发展战略规划研究系统，产品研究开发系统，以及产品中间试验系统。随着公司的发展，我们还会在国内外具有人才和资源优势的地区，建立分支研究机构。

在相关的基础技术领域中，不断地按“窄频带、高振幅”的要求，培养一批基础技术尖子。在产品开发方面，培养一批跨领域的系统集成带头人。把基础技术研究作为研究开发人员循环流程的一个环节。

没有基础技术研究的深度，就没有系统集成的高水准；没有市场和系统集成的牵引，基础技术研究就会偏离正确的方向。

（中间试验）

第二十八条　我们十分重视新产品、新器件和新工艺的品质论证及测试方法研究。要建立一个装备精良、测试手段先进、由众多“宽频带、高振幅”的优秀工程专家组成的产品中间试验中心。为了使我们中间试验的人才和装备水平居世界领先地位，我们在全世界只建立一个这样的大型中心。要经过集中的严格筛选过滤新产品和新器件，通过不断的品质论证提高产品的可靠性，持续不断地进行容差设计试验和改进工艺降低产品成本，加快技术开发成果的商品化进程。

三、市场营销

（市场地位）

第二十九条　华为的市场定位是业界最佳设备供应商。

市场地位是市场营销的核心目标。我们不满足于总体销售额的增长，我们必须清楚公司的每一种主导产品的市场份额是多大，应该达到多大。特别是新产品、新兴市场的市场份额和销售份额更为重要。品牌、营销网络、服务和市场份额是支撑市场地位的关键要素。

（市场拓展）

第三十条　战略市场的争夺和具有巨大潜力的市场的开发，是市场营销的重点。我们既要抓住新兴产品市场的快速渗透和扩展，也要奋力推进成熟产品在传统市场与新兴市场上的扩张，形成绝对优势的市场地位。

作为网络设备供应商，市场战略的要点是获取竞争优势，控制市场主导权的关键。市场拓展是公司的一种整体运作，我们要通过影响每个员工的切身利益传递市场压力，不断提高公司整体响应能力。

（营销网络）

第三十一条　营销系统的构架是按对象建立销售系统，按产品建立行销系统，形成矩阵覆盖的营销网络。

（营销队伍建设）

第三十二条　我们重视培育一支高素质的、具有团队精神的销售工程师与营销管理者队伍，重视发现和培养战略营销管理人才和国际营销人才。

我们要以长远目标来建设营销队伍，以共同的事业、责任、荣誉来激励和驱动。

（资源共享）

第三十三条　市场变化的随机性、市场布局的分散性和公司产品的多样性，要求前方营销队伍必须得到及时强大的综合支援，要求我们必须能够迅速调度和组织大量资源抢夺市场先机和形成局部优势。因此营销部门必须采取灵活的运作方式，通过事先策划与现场求助，实现资源的动态最优配置与共享。

四、生产方式

（生产战略）

第三十四条　我们的生产战略是在超大规模销售的基础上建立敏捷生产体系。因地制宜地采用世界上先进的制造技术和管理方法，坚持永无止境的改进，不断提高质量，降低成本，缩短交货期和增强制造柔性，使公司的制造水平和生产管理水平达到世界级大公司的基准。

（生产布局）

第三十五条　顺应公司事业领域多元化和经营地域国际

化的趋势，我们将按照规模经济原则、比较成本原则和贴近顾客原则，集中制造关键基础部件和分散组装最终产品，在全国和世界范围内合理规划生产布局，优化供应链。

五、理财与投资

（筹资战略）

第三十六条　我们努力使筹资方式多样化，继续稳健地推行负债经营。开辟资金来源，控制资金成本，加快资金周转，逐步形成支撑公司长期发展需求的筹资合作关系，确保公司战略规划的实现。

（投资战略）

第三十七条　我们中短期的投资战略仍坚持产品投资为主，以期最大限度地集中资源，迅速增强公司的技术实力、市场地位和管理能力。我们在制定重大投资决策时，不一定追逐今天的高利润项目，同时要关注有巨大潜力的新兴市场和新产品的成长机会。我们不从事任何分散公司资源和高层管理精力的非相关多元化经营。

（资本经营）

第三十八条　我们在产品领域经营成功的基础上探索资本经营，利用产权机制更大规模地调动资源。实践表明，实现这种转变取决于我们的技术实力、营销实力、管理实力和时机。外延的扩张依赖于内涵的做实，机会的捕捉取决于事先的准备。

资本知识化是加速资本经营良性循环的关键。我们在进行资本扩充时，重点要选择那些有技术、有市场，以及与我们有互补性的战略伙伴，其次才是金融资本。

资本经营和外部扩张，应当有利于潜力的增长，有利于效益的增长，有利于公司组织和文化的统一性。公司的上市应当有利于巩固我们已经形成的价值分配制度的基础。

第三章　基本组织政策

一、基本原则

（组织建立的方针）

第三十九条　华为组织的建立和健全，必须：

1. 有利于强化责任，确保公司目标和战略的实现。

2. 有利于简化流程，快速响应顾客的需求和市场的变化。

3. 有利于提高协作的效率，降低管理成本。

4. 有利于信息的交流，促进创新和优秀人才的脱颖而出。

5. 有利于培养未来的领袖人才，使公司可持续成长。

（组织结构的建立原则）

第四十条　华为将始终是一个整体。这要求我们在任何涉及华为标识的合作形式中保持控制权。

战略决定结构是我们建立公司组织的基本原则。具有战略意义的关键业务和新事业生长点，应当在组织上有一个明确的负责单位，这些部门是公司组织的基本构成要素。

组织结构的演变不应当是一种自发的过程，其发展具有阶段性。组织结构在一定时期内的相对稳定，是稳定政策、稳定干部队伍和提高管理水平的条件，是提高效率和效果的保证。

（职务的设立原则）

第四十一条　管理职务设立的依据是对职能和业务流程的合理分工，并以实现组织目标所必须从事的一项经常性工作为基础。职务的范围应设计得足够大，以强化责任、减少协调和提高任职的挑战性与成就感。

设立职务的权限应集中。对设立职务的目的、工作范围、隶属关系、职责和职权，以及任职资格应做出明确规定。

（管理者的职责）

第四十二条　管理者的基本职责是依据公司的宗旨主动和负责地开展工作，使公司富有前途，工作富有成效，员工富有成就。管理者履行这三项基本职责的程度，决定了他的权威与合法性被下属接受的程度。

（组织的扩张）

第四十三条　组织的成长和经营的多元化必然要求向外扩张。组织的扩张要抓住机遇，而我们能否抓住机遇和组织能够扩张到什么程度，取决于公司的干部队伍素质和管理控制能力。当依靠组织的扩张不能有效地提高组织的效率和效果时，公司将放缓对外扩张的步伐，转而致力于组织管理能力的提高。

二、组织结构

（基本组织结构）

第四十四条　公司的基本组织结构将是一种二维结构：按战略性事业划分的事业部和按地区划分的地区公司。事业部在公司规定的经营范围内承担开发、生产、销售和用户服务的职责；地区公司在公司规定的区域市场内有效利用公司的资源开展经营。事业部和地区公司均为利润中心，承担实际利润责任。

（主体结构）

第四十五条　职能专业化原则是建立管理部门的基本原则。对于以提高效率和加强控制为主要目标的业务活动领域，一般也应按此原则划分部门。

公司的管理资源、研究资源、中试资源、认证资源、生产管理资源、市场资源、财政资源、人力资源和信息资源……是公司的公共资源。为了提高公共资源的效率，必须进行审计。按职能专业化原则组织相应的部门，形成公司组织结构的主体。

（事业部）

第四十六条　对象专业化原则是建立新事业部门的基本

原则。

事业部的划分原则可以是以下两种原则之一，即产品领域原则和工艺过程原则。按产品领域原则建立的事业部是扩张型事业部，按工艺过程原则建立的事业部是服务型事业部。

扩张型事业部是利润中心，实行集中政策，分权经营。应在控制有效的原则下，使之具备开展独立经营所需的必要职能，既充分授权，又加强监督。

对于具有相对独立的市场，经营已达到一定规模，相对独立运作更有利于扩张和强化最终成果责任的产品或业务领域，应及时选择更有利于它发展的组织形式。

（地区公司）

第四十七条　地区公司是按地区划分的、全资或由总公司控股的、具有法人资格的子公司。地区公司在规定的区域市场和事业领域内，充分运用公司分派的资源和尽量调动公司的公共资源寻求发展，对利润承担全部责任。在地区公司负责的区域市场中，总公司及各事业部不与之进行相同事业的竞争。各事业部如有拓展业务的需要，可采取会同或支持地区公司的方式进行。

（矩阵结构的演进）

第四十八条　当按职能专业化原则划分的部门与按对象专业化原则划分的部门交叉运作时，就在组织上形成了矩阵结构。

公司组织的矩阵结构，是一个不断适应战略和环境变化，从原有的平衡到不平衡，再到新的平衡的动态演进过程。不打破原有的平衡，就不能抓住机会，快速发展；不建立新的平衡，就会给公司组织运作造成长期的不确定性，削弱责任建立的基础。

为了在矩阵结构下维护统一指挥原则和责权对等原则，减少组织上的不确定性和提高组织的效率，我们必须在以下几方面加强管理的力度：

1. 建立有效的高层管理组织。
2. 实行充分授权，加强监督。
3. 加强计划的统一性和权威性。
4. 完善考核体系。
5. 培育团队精神。

（求助网络）

第四十九条　我们要在公司的纵向等级结构中适当地引入横向和逆向的网络动作方式，以激活整个组织，最大限度地利用和共享资源。我们既要确保正向直线职能系统制定和实施决策的政令畅通，又要对逆向和横向的求助系统做出及时灵活的响应，使最贴近顾客，最先觉察到变化和机会的高度负责的基层主管和员工，能够及时得到组织的支援，为组织目标做出与众不同的贡献。

（组织的层次）

第五十条 我们的基本方针是减少组织的层次，以提高组织的灵活性。减少组织层次一方面要减少部门的层次，另一方面要减少职位的层次。

三、高层管理组织

（高层管理组织）

第五十一条 高层管理组织的基本结构为三部分：公司执行委员会、高层管理委员会与公司职能部门。

公司的高层管理委员会有：战略规划委员会，人力资源委员会，财经管理委员会。

（高层管理职责）

第五十二条 公司执行委员会负责确定公司未来的使命、战略与目标，对公司重大问题进行决策，确保公司可持续成长。

高层管理委员会是由资深人员组成的咨询机构。负责拟制战略规划和基本政策，审议预算和重大投资项目，以及审核规划、基本政策和预算的执行结果。审议结果由总裁办公会议批准执行。

公司职能部门代表公司总裁对公司公共资源进行管理，对各事业部、子公司、业务部门进行指导和监控。公司职能部门应归口设立，以尽量避免多头领导现象。

高层管理任务应以项目形式予以落实。高层管理项目完成后，形成具体工作和制度，并入某职能部门的职责。

（决策制度）

第五十三条　我们遵循民主决策，权威管理的原则。

高层重大决策需经高层管理委员会充分讨论。决策的依据是公司的宗旨、目标和基本政策；决策的原则是，从贤不从众。真理往往掌握在少数人手里，要造成一种环境，让不同意见存在和发表。一经形成决议，就要实行权威管理。

高层委员会集体决策，以及部门首长负责制下的办公会议制度，是实行高层民主决策的重要措施。我们的方针是，放开高层民主，使智慧充分发挥；强化基层执行，使责任落在实处。

各部门首长隶属于各个专业委员会，这些委员会议事而不管事，对形成的决议有监督权，以防止一长制中的片面性。各部门首长的日常管理决策，应遵循部门首长办公会确定的原则，对决策后果承担个人责任。各级首长办公会的讨论结果，以会议纪要的方式向上级呈报。报告上必须有三分之二以上的正式成员签名，报告中要特别注明讨论过程中的不同意见。

公司总裁有最后的决策权，在行使这项权力时，要充分听取意见。

（高层管理者行为准则）

第五十四条　高层管理者应当做到：

1. 保持强烈的进取精神和忧患意识。对公司的未来和重大经营决策承担个人风险。

2. 坚持公司利益高于部门利益和个人利益。

3. 倾听不同意见，团结一切可以团结的人。

4. 加强政治品格的训练与道德品质的修养，廉洁自律。

5. 不断学习。

第四章　基本人力资源政策

一、人力资源管理准则

（基本目的）

第五十五条　华为的可持续成长，从根本上靠的是组织建设和文化建设。因此，人力资源管理的基本目的，是建立一支宏大的高素质、高境界和高度团结的队伍，以及创造一种自我激励、自我约束和促进优秀人才脱颖而出的机制，为公司的快速成长和高效运作提供保障。

（基本准则）

第五十六条　华为全体员工无论职位高低，在人格上都是平等的。人力资源管理的基本准则是公正、公平和公开。

（公正）

第五十七条　共同的价值观是我们对员工做出公平评价的准则；对每个员工提出明确的挑战性目标与任务，是我们对员工的绩效改进做出公正评价的依据；员工在完成本职工作中表现出的能力和潜力，是比学历更重要的评价能力的公正标准。

（公平）

第五十八条　华为奉行效率优先，兼顾公平的原则。我们鼓励每个员工在真诚合作与责任承诺基础上，展开竞争；并为员工的发展，提供公平的机会与条件。每个员工应依靠自身的努力与才干，争取公司提供的机会；依靠工作和自学提高自身的素质与能力；依靠创造性地完成和改进本职工作满足自己的成就愿望。我们从根本上否定评价与价值分配上的短视、攀比与平均主义。

（公开）

第五十九条　我们认为遵循公开原则是保障人力资源管理的公正和公平的必要条件。公司重要政策与制度的制定，均要充分征求意见与协商。抑侥幸，明褒贬，提高制度执行上的透明度。我们从根本上否定无政府、无组织、无纪律的个人主义行为。

（人力资源管理体制）

第六十条　我们不搞终身雇佣制，但这不等于不能终身在华为工作。我们主张自由雇佣制，但不脱离中国的实际。

（内部劳动力市场）

第六十一条　我们通过建立内部劳动力市场，在人力资源管理中引入竞争和选择机制。通过内部劳动力市场和外部劳动力市场的置换，促进优秀人才的脱颖而出，实现人力资源的合理配置和激活沉淀层。并使人适合于职务，使职务适合于人。

（人力资源管理责任者）

第六十二条　人力资源管理不只是人力资源管理部门的工作，而且是全体管理者的职责。各部门管理者有责任记录、指导、支持、激励与合理评价下属人员的工作，负有帮助下属人员成长的责任。下属人员才干的发挥与对优秀人才的举荐，是决定管理者的升迁与人事待遇的重要因素。

二、员工的义务和权利

（员工的义务）

第六十三条　我们鼓励员工对公司目标与本职工作的主人翁意识与行为。

每个员工主要通过干好本职工作为公司目标做贡献。员工应努力扩大职务视野，深入领会公司目标对自己的要求，养成为他人做贡献的思维方式，提高协作水平与技巧。另一方面，员工应遵守职责间的制约关系，避免越俎代庖，有节制地暴露因职责不清所掩盖的管理漏洞与问题。

员工有义务实事求是地越级报告被掩盖的管理中的弊端与错误。允许员工在紧急情况下便宜行事，为公司把握机会，躲避风险，以及减轻灾情做贡献。但是，在这种情况下，越级报告者或便宜行事者，必须对自己的行为及其后果承担责任。

员工必须保守公司的秘密。

(员工的权利)

第六十四条　每个员工都拥有以下基本权利，即咨询权、建议权、申诉权与保留意见权。

员工在确保工作或业务顺利开展的前提下，有权利向上司提出咨询，上司有责任做出合理的解释与说明。

员工对改善经营与管理工作具有合理化建议权。

员工有权对认为不公正的处理，向直接上司的上司提出申诉。申诉必须实事求是，以书面形式提出，不得影响本职工作或干扰组织的正常运作。各级主管对下属员工的申诉，都必须尽早予以明确的答复。

员工有权保留自己的意见，但不能因此影响工作。上司不得因下属保留自己的不同意见而对其歧视。

三、考核与评价

(基本假设)

第六十五条　华为员工考评体系的建立依据下述假设：

1. 华为绝大多数员工是愿意负责和愿意合作的，是高度自尊和有强烈成就欲望的。

2. 金无足赤，人无完人；优点突出的人往往缺点也很明显。

3. 工作态度和工作能力应当体现在工作绩效的改进上。

4. 失败铺就成功，但重犯同样的错误是不应该的。

5. 员工未能达到考评标准要求，也有管理者的责任。员工的成绩就是管理者的成绩。

（考评方式）

第六十六条　建立客观公正的价值评价体系是华为人力资源管理的长期任务。

员工和干部的考评，是按明确的目标和要求，对每个员工和干部的工作绩效、工作态度与工作能力的一种例行性的考核与评价。工作绩效的考评侧重在绩效的改进上，宜细不宜粗；工作态度和工作能力的考评侧重在长期表现上，宜粗不宜细。考评结果要建立记录，考评要素随公司不同时期的成长要求应有所侧重。

在各层上下级主管之间要建立定期述职制度。各级主管与下属之间都必须实现良好的，沟通，以加强相互的理解和信任。沟通将列入对各级主管的考评。

员工和干部的考评实行纵横交互的全方位考评。同时，被考评者有申诉的权利。

四、人力资源管理的主要规范

（招聘与录用）

第六十七条　华为依靠自己的宗旨和文化，成就与机会，以及政策和待遇，吸引和招揽天下一流人才。我们在招聘和录用中，注重人的素质、潜能、品格、学历和经验。按照双向选择的原则，在人才使用、培养与发展上，提供客观且对等的承诺。

我们将根据公司在不同时期的战略和目标，确定合理的人才结构。

（解聘与辞退）

第六十八条　我们利用内部劳动力市场的竞争与淘汰机制，建立例行的员工解聘和辞退程序。对违反公司纪律和因牟取私利而给公司造成严重损害的员工，根据有关制度强行辞退。

（报酬与待遇）

第六十九条　我们在报酬与待遇上，坚定不移向优秀员工倾斜。

工资分配实行基于能力主义的职能工资制；奖金的分配与部门和个人的绩效改进挂钩；安全退休金等福利的分配，依据工作态度的考评结果；医疗保险按贡献大小，对高级管理和资深专业人员与一般员工实行差别待遇，高级管理和资深专业人员除享受医疗保险外，还享受医疗保健等健康待遇。

我们不会牺牲公司的长期利益去满足员工短期利益分配的最大化，但是公司保证在经济景气时期与事业发展良好阶段，员工的人均年收入高于区域行业相应的最高水平。

（自动降薪）

第七十条　公司在经济不景气时期，以及事业成长暂时受挫阶段，或根据事业发展需要，启用自动降薪制度，避免过度裁员与人才流失，确保公司渡过难关。

（晋升与降格）

第七十一条　每个员工通过努力工作，以及在工作中增长的才干，都可能获得职务或任职资格的晋升。与此相对应，保留职务上的公平竞争机制，坚决推行能上能下的干部制度。公司遵循人才成长规律，依据客观公正的考评结果，让最有责任心的明白人担负重要的责任。我们不拘泥于资历与级别，按公司组织目标与事业机会的要求，依据制度性甄别程序，对有突出才干和突出贡献者实施破格晋升。但是，我们提倡循序渐进。

（职务轮换与专长培养）

第七十二条　我们对中高级主管实行职务轮换政策。没有周边工作经验的人，不能担任部门主管。没有基层工作经验的人，不能担任科以上干部。我们对基层主管、专业人员和操作人员实行岗位相对固定的政策，提倡爱一行，干一行；干一行，专一行。爱一行的基础是要通得过录用考试，已上岗的员工继续爱一行的条件是要经受岗位考核的筛选。

（人力资源开发与培训）

第七十三条　我们将持续的人力资源开发作为实现人力资源增值目标的重要条件。实行在职培训与脱产培训相结合，自我开发与教育开发相结合的开发形式。

为了评价人力资源开发的效果，要建立人力资源开发投入产出评价体系。

第五章　基本控制政策

一、管理控制方针

（方针）

第七十四条　通过建立健全管理控制系统和必要的制度，确保公司战略、政策和文化的统一性。在此基础上对各级主管充分授权，造成一种既有目标牵引和利益驱动，又有程序可依和制度保证的活跃、高效和稳定的局面。

（目标）

第七十五条　公司管理控制系统进一步完善的中短期目标是：建立健全预算控制体系、成本控制体系、质量管理和保证体系、业务流程体系、审计监控体系、文档体系，以及项目管理系统，对关系公司生存与发展的重要领域，实行有效的控制，建立起大公司的规范运作模式。

（原则）

第七十六条　公司的管理控制遵循下述原则：

分层原则。管理控制必须分层实施，越级和越权控制将破坏管理控制赖以建立的责任基础。

例外原则。凡具有重复性质的例常工作，都应制订出规则和程序，授权下级处理。上级主要控制例外事件。

分类控制原则。针对部门和任务的性质，实行分类控制。对高中层经营管理部门实行目标责任制的考绩控制；对基层作业部门实行计量责任制的定额控制；对职能和行政管理部门实行任务责任制的考事控制。

成果导向原则。管理控制系统对部门绩效的考核，应促使部门主管能够按公司整体利益最大化的要求进行决策。

公司坚决主张强化管理控制。同时也认识到，偏离预算（或标准）的行动未必一定是错误的；单纯奖励节约开支的办法不一定是一种好办法。公司鼓励员工和部门主管在管理控制系统不完善的地方，在环境和条件发生了变化的时候，按公司宗旨和目标的要求，主动采取积极负责的行动。

经过周密策划，共同研究，在实施过程中受到挫折，应得到鼓励，发生的失败不应受到指责。

（持续改进）

第七十七条　部门和员工绩效考核的重点是绩效改进。

公司的战略目标和顾客满意度是建立绩效改进考核指标体系的两个基本出发点。在对战略目标层层分解的基础上确定公司各部门的目标，在对顾客满意度节节展开的基础上，确定流程各环节和岗位的目标。绩效改进考核指标体系应起到牵引作用，使每个部门和每个员工的改进努力朝向共同的方向。

绩效改进考核指标必须是可度量的和重点突出的。指标水平应当是递进的和具有挑战性的。只要我们持续地改进，就会无穷地逼近高质量、低成本和高效率的理想目标。

二、质量管理和质量保证体系

（质量形成）

第七十八条　优越的性能和可靠的质量是产品竞争力的关键。我们认为质量形成于产品寿命周期的全过程，包括研究设计、中试、制造、分销、服务和使用的全过程。因此，必须使产品寿命周期全过程中影响产品质量的各种因素，始终处于受控状态；必须实行全流程的、全员参加的全面质量管理，使公司有能力持续提供符合质量标准和顾客满意的产品。

我们的质量方针是：

1. 树立品质超群的企业形象，全心全意地为顾客服务。
2. 在产品设计中构建质量。
3. 依合同规格生产。
4. 使用合格供应商。
5. 提供安全的工作环境。
6. 质量系统符合 ISO9001 的要求。

（质量目标）

第七十九条　我们的质量目标是：

1. 技术上保持与世界潮流同步。
2. 创造性地设计、生产具有最佳性能价格比的产品。
3. 产品运行实现平均 2000 天无故障。
4. 从最细微的地方做起，充分保证顾客各方面的要求得到满足。

5. 准确无误的交货；完善的售后服务；细致的用户培训；真诚热情的订货与退货。

我们通过推行 ISO9001，并定期通过国际认证复审，建立健全全公司的质量管理体系和质量保证体系，使我们的质量管理和质量保证体系与国际接轨。

三、全面预算控制

（性质与任务）

第八十条　全面预算是公司年度全部经营活动的依据，是我们驾驭外部环境的不确定性，减少决策的盲目性和随意性，提高公司整体绩效和管理水平的重要途径。

全面预算的主要任务是：

1. 统筹协调各部门的目标和活动。

2. 预计年度经营计划的财务效果和对现金流量的影响。

3. 优化资源配置。

4. 确定各责任中心的经营责任。

5. 为控制各部门的费用支出和评价各部门的绩效提供依据。

公司设立多级预算控制体系。各责任中心的一切收支都应纳入预算。

（管理职责）

第八十一条　公司级预算和决算由财经管理委员会审议，由公司总裁批准。公司级预算由财务部负责编制并监督实施和考核实施效果。各级预算的编制和修改必须按规定的程序进行。收入中心和利润中心预算的编制，应按照有利于潜力和效益增长的原则合理确定各项支出水平；成本或费用中心的预算编制，应当贯彻量入为出、厉行节约的方针。

公司，以及事业部和子公司的财务部门，应定期向财经管理委员会提交预算执行情况的分析报告。根据预算目标实现程度和预算实现偏离程度，考核财务部预算编制和预算控制效果。

四、成本控制

（控制重点）

第八十二条　成本是市场竞争的关键制胜因素。成本控制应当从产品价值链的角度，权衡投入产出的综合效益，合理地确定控制策略。

应重点控制的主要成本驱动因素包括：

1. 设计成本。

2. 采购成本和外协成本。

3. 质量成本，特别是因产品质量和工作质量问题引起的维护成本。

4. 库存成本，特别是由于版本升级而造成的呆料和死料。

5. 期间费用中的浪费。

（控制机制）

第八十三条　控制成本的前提是正确地核算产品和项目的成本与费用。应当根据公司经营活动的特点，合理地分摊费用。

公司对产品成本实行目标成本控制，在产品的立项和设计中实行成本否决。目标成本的确定依据是产品的竞争性市场价格。

必须把降低成本的绩效改进指标纳入各部门的绩效考核体系，与部门主管和员工的切身利益挂钩，建立自觉降低成本的机制。

五、业务流程重整

（指导思想）

第八十四条　推行业务流程重整的目的是，更敏捷地响应顾客需求，扩大例行管理，减少例外管理，提高效率，堵塞漏洞。

业务流程重整的基本思路是，将推行ISO9001标准与业务流程重整和管理信息系统建设相结合，为公司所有经营领域的关键业务确立有效且简捷的程序和作业标准；围绕基本业务流程，理顺各种辅助业务流程的关系；在此基础上，对公司各部门和各种职位的职责准确定位，不断缩小审批数量，不断优化和缩短流程，系统地改进公司的各项管理，并使管理体系具有可移植性。

（流程管理）

第八十五条　流程管理是按业务流程标准，在纵向直线和职能管理系统授权下的一种横向的例行管理，是以目标和顾客为导向的责任人推动式管理。处于业务流程中各个岗位上的责任人，无论职位高低，行使流程规定的职权，承担流程规定的责任，遵守流程的制约规则，以下道工序为用户，确保流程运作的优质高效。

建立和健全面向流程的统计和考核指标体系，是落实最终成果责任和强化流程管理的关键。顾客满意度是建立业务流程各环节考核指标体系的核心。

提高流程管理的程序化、自动化和信息集成化水平，不断适应市场变化和公司事业拓展的要求，对原有业务流程体系进行简化和完善，是我们的长期任务。

（管理信息系统）

第八十六条　管理信息系统是公司经营运作和管理控制的支持平台和工具，旨在提高流程运作和职能控制的效率，增强企业的竞争能力，开发和利用信息资源，并有效支持管理决策。

管理信息系统的建设，坚持采用先进成熟的技术和产品，以及坚持最小化自主系统开发的原则。

六、项目管理

（必然性）

第八十七条　公司的高速增长目标和高技术企业性质，决定了必须在新技术、新产品、新市场和新领域等方面不断提出新的项目。而这些关系公司生存与发展的、具有一次性跨部门特征的项目，靠已有的职能管理系统按例行的方式管理是难以完成的，必须实行跨部门的团队运作和项目管理。因此，项目管理应与职能管理共同构成公司的基本管理方式。

（管理重点）

第八十八条　项目管理是对项目生命周期全过程的管理，是一项系统工程。项目管理应当参照国际先进的管理模式，建立一整套规范的项目管理制度。项目管理进一步改进的重点是，完善项目的立项审批和项目变更审批、预算控制、进度控制和文档建设。

对项目管理，实行日落法控制。控制项目数量以实现资源有效利用和提高组织整体运作系统。项目完成验收后，按既定程序转入例行组织管理系统。

七、审计制度

（职能）

第八十九条　公司内部审计是对公司各部门、事业部和子公司经营活动的真实性、合法性、效益性及各种内部控制制度的科学性和有效性进行审查、核实和评价的一种监控活动。

公司审计部门除了履行财务审计、项目审计、合同审计、离任审计……基本内部审计职能外，还要对计划、关键业务流程及主要管理制度等关系公司目标的重要工作进行审计，把内部审计与业务管理的进步结合起来。

（体系）

第九十条　公司实行以流程为核心的管理审计制度。在流程中设立若干监控与审计点，明确各级管理干部的监控责任，实现自动审计。

我们坚持推行和不断完善计划、统计、审计既相互独立运作，又整体闭合循环的优化再生系统。这种三角循环，贯穿每一个部门，每一个环节和每一件事。在这种众多的小循环基础上组成中循环，由足够多的中循环组成大循环。公司只有管理流程闭合，才能形成管理的反馈制约机制，不断地自我优化与净化。

通过全公司审计人员的流动，促进审计方法的传播与审计水平的提高。形成更加开放、透明的审计系统，为公司各项经营管理工作的有效进行提供服务和保障。

（权限）

第九十一条　公司审计机构的基本权限包括：

1. 直接对总裁负责并报告工作，不受其他部门和个人的干涉。

2. 具有履行审计职能的一切必要权限。

八、事业部的控制

（方针）

第九十二条　事业部管理方针是：

1. 有利于潜力的增长。

2. 有利于效益的增长。

3. 有利于公司组织与文化的统一性。

（绩效考核）

第九十三条　事业部是利润中心，在公司规定的经营范围内自主经营，承担扩张责任、利润责任和资产责任。

对事业部的考核指标主要为销售收入、销售收入增长率、市场份额和管理利润。考核销售指标的目的是鼓励事业部扩张；考核管理利润的目的是兼顾扩张、效益和资产责任。公司将按照对各事业部的不同发展要求，通过调节与事业部销售收入、销售收入增长率和管理利润各部分挂钩的利益分配系数，影响事业部的经营行为。

事业部的全部利润由公司根据战略和目标统一分配。

（自主权）

第九十四条　我们的方针是，只要符合事业部控制的“三个有利于”原则，就对之实行充分的授权。

事业部总经理的自主权主要包括：预算内的支出决定权和所属经营资源支配权，以及在公司统一政策指导下的经营决策权、人事决定权和利益分配权。

（控制与审计）

第九十五条　公司对事业部的控制与审计主要包括：

1. 事业部的总经理、财务总监、人力资源总监、审计总监由公司任免。

2. 依据经过批准的事业部预算对事业部的收支进行总量控制。

3. 公司统一融资，事业部对资金实行有偿占用。

4. 对现金实行集中管理，事业部对自身的现金流量平衡负责。

5. 事业部定期向公司财经管理委员会提交财务绩效报告。

6. 公司审计部对事业部履行审计职能。

（服务型事业部）

第九十六条　服务型事业部的职能是以低利方式提供内部服务，以促进整体扩张实力。内部运作实行模拟市场机制。

（联利计酬）

第九十七条　事业部实行按虚拟利润联利计酬的报酬制度。在事业部的报酬政策上，公司遵循风险和效益与报酬对等的原则。

九、危机管理

（危机意识）

第九十八条　高技术的刷新周期越来越短，所有高科技企业的前进路程充满了危机。华为公司由于成功，公司组织内部蕴含的危机也越来越多，越来越深刻。我们应该看到，公司处于危机点时既面临危机又面临机遇。危机管理的目标就是变危险为机遇，使企业越过陷阱进入新的成长阶段。

（预警与减灾）

第九十九条　公司应建立预警系统和快速反应机制，以敏感地预测和感知由竞争对手、客户、供应商及政策法规等造成的外部环境的细微但重大的变化；处理公司高层领导不测事件和产品原因造成的影响公司形象的重大突发事件。

第六章　接班人与基本法修改

（继承与发展）

第一百条　华为经年积累的管理方法和经验是公司的宝贵财富，必须继承和发展，这是各级主管的责任。只有继承，才能发展；只有量变的积累，才会产生质变。承前启后，继往开来，是我们的事业兴旺发达的基础。

（对接班人的要求）

第一百零一条　进贤与尽力是领袖与模范的区别。只有进贤和不断培养接班人的人，才能成为领袖，成为公司各级职务的接班人。

高、中级干部任职资格的最重要一条，是能否举荐和培养出合格的接班人。不能培养接班人的领导，在下一轮任期时应该主动引退。仅仅使自己优秀是不够的，还必须使自己的接班人更优秀。

我们要制度化地防止第三代、第四代及以后的公司接班人腐化、自私和得过且过。当我们的高层领导人中有人利用职权牟取私利时，就说明我们公司的干部选拔制度和管理出现了严重问题，如果只是就事论事，而不从制度上寻找根源，那我们距离死亡就已经不远了。

（接班人的产生）

第一百零二条　华为公司的接班人是在集体奋斗中从员工和各级干部中自然产生的领袖。

公司高速成长中的挑战性机会，以及公司的民主决策制度和集体奋斗文化，为领袖人才的脱颖而出创造了条件；各级委员会和各级部门首长办公会议，既是公司高层民主生活制度的具体形式，也是培养接班人的温床。要在实践中培养人、选拔人和检验人。要警惕不会做事却会处世的人受到重用。

我们要坚定不移地向第一、二代创业者学习。学习他们在思想上的艰苦奋斗精神，勇于向未知领域探索；学习他们的团队精神和坦荡的胸怀，坚持和不断完善我们公正合理的价值评价体系；学习他们强烈的进取精神和责任意识，勇于以高目标要求和鞭策自己；学习他们实事求是的精神，既具有哲学、社会学和历史学的眼界，又具有一丝不苟的工作态度。走向世界，实现我们的使命，是华为一代一代接班人矢志不渝的任务。

（基本法的修订）

第一百零三条　每十年基本法进行一次修订。修订的过程贯彻从贤不从众的原则。

在管理者、技术骨干、业务骨干、基层干部中推选出10%的员工，进行修改的论证，拟出清晰的提案。

然后从这10%的员工中，再推选20%的员工，与董事会、执行委员会一同审议修改部分的提案。并将最终的提案公布，征求广大员工意见。

最后，由董事会、执行委员会、优秀员工组成三方等额的代表进行最终审批。

《基本法》是公司宏观管理的指导原则，是处理公司发展中重大关系的对立统一的度。其目的之一是培养领袖。高、中级干部必须认真学习《基本法》，领会其精神实质，掌握其思想方法。

参考文献

[1]（德）马克斯·韦伯. 新教伦理与资本主义精神［M］. 李修建，张云江，译. 北京：中国社会科学出版社，2009.

[2]（法）孟德斯鸠. 论法的精神［M］. 北京：商务印书馆，2012.

[3]（英）亚当·斯密. 国富论［M］. 郭大力，王亚南，译. 上海：上海三联出版社，2009.

[4]（美）巴纳德. 经理人员的职能［M］. 王永贵，译. 北京：机械工业出版社，2007.

[5]（英）罗纳德·哈里·科斯. 企业的本质［J］. 经济学季刊，1937（4）.

[6]（美）彼得·德鲁克. 管理——使命、责任与实践［M］. 王永贵，译. 北京：机械工业出版社，2009.

[7]（美）凯里·赖克. 洛克菲勒传［M］. 赵文学，译. 长春：时代文艺出版社，2010.

[8]（美）亨利·福特. 福特自传［M］. 崔权醴，程永顺，译. 北京：中国书籍出版社，2012.

[9]（美）吉姆·柯林斯. 基业长青［M］. 真如，译. 北京：中信出版社，2009.

[10] (美) 汤姆·彼得斯，罗伯特·沃特曼. 追求卓越 [M]. 胡玮珊，译. 北京：中信出版社，2009.

[11] (英) 爱德华·泰勒. 原始文化 [M]. 连树声，译. 上海：上海文艺出版社，1992.

[12] (美) 克利福德·格尔茨. 文化的解释 [M]. 韩莉，译. 南京：译林出版社，1999.

[13] (美) 埃德加·沙因. 组织文化与领导力 [M]. 马红宇，王斌，译. 北京：中国人民大学出版社，2011.

[14] (日) 稻盛和夫. 活法 [M]. 曹岫云，译. 北京：东方出版社，2012.

[15] (美) 约翰·科特，詹姆斯·赫斯克特. 企业文化与经营业绩 [M]. 李晓涛，译. 北京：中国人民大学出版社，2004.

[16] 梁漱溟. 中国文化要义 [M]. 上海：上海人民出版社，2005.

[17] 梁漱溟. 中国文化的命运 [M]. 北京：中信出版社，2010.

[18] 肖知兴. 中国人为什么组织不起来 [M]. 北京：中信出版社，2012.

[19] 黄卫伟，吴春波，等. 走出混沌 [M]. 北京：人民邮电出版社，2002.

[20] 柏杨. 丑陋的中国人 [M]. 北京：人民文学出版社，2008.

[21] 王石. 深圳现象 [J]. 中国企业家，2008 (8).

[22] 刘建强. 蛇口基因：破解平安、中集、招行、万科、华为体内共同的密码 [J]. 中国企业家，2008 (8).

博瑞森管理丛书

更多实战好书，请关注“**博瑞森图书直营店—淘宝网**”

http://qiyeshudian.taobao.com/

宋新宇博士「简单」系列	 让管理回归简单 （升级版） 从目标、组织、决策、授权、人才、自我管理出发，提出最实用的解决方法	 让经营回归简单 （升级版） 从战略、客户、产品、员工、成长和经营管理者入手抓住企业经营的关键	 让用人回归简单 深度剖析用人的原则、难题、误区、方法，以及用人者的修炼，解决企业的用人难题

 7个转变，让公司3年胜出 李蓓　著	在消费者主权时代，从生产、营销、服务到组织管理，给出企业转型升级的具体操作路径	 升级你的营销组织 程绍珊　吴越舟　著	本土第1部营销组织实战专著，用有机性的营销组织力代替“营销能人”，打造战略统一、策略灵活、执行力强的高绩效营销队伍
 边干边学做老板 黄中强　著	一位创业20多年的民企老板的肺腑之言，带给老板86个实用忠告	 产品炼金术 史贤龙　著	告诉你打造畅销品的新思维与好方法
 卖轮子：选择最佳营销方式 【美】杰夫·科克斯等著	从新产品上市到市场成熟和企业转型，一个故事轻松把握营销精髓	 涨价也能卖到翻 【日】村松达夫　著	让每个顾客在你的产品上、在你的店里掏出更多的钱，让你的东西涨价也能卖到翻

续表

公司由小到大要过哪些坎 卢强　著	能长大的企业是有规律可循的，会依次经历试错、突围和转型3个阶段，让企业看清位置，并对接下来的路有所了解	成为优秀的快消品区域经理 伯建新　著	掌控市场＋内部管理＋常见误区＋工具箱＋自我提升，37个“怎么办”全面系统分析区域经理的工作关键点
华夏基石方法：企业文化落地本土实践 王祥伍　谭俊峰　著	作者10年积累、原创方法、一线资料，毫无保留奉献，是企业文化落地真正有洞察力和实操价值的一本书	跳出同质思维，从跟随到领先 郭剑　著	有效的思维框架和工具、66个企业案例深度剖析，帮助企业突破行业长期思维惯性，发现大片蓝海
传统行业如何用网络拿订单 张进　著	国内第1部针对中小企业的网络实战指导图书，作者以自己10多年的网络营销经验和研究积累为基础，为你带来最具实战性的建议	用流程解放管理者 张国祥　著	国内第1部针对企业的流程管理实战图书！实现流程管理从无到有、从有到全

书名及作者	内容简介
中层领导力 【韩】崔秉权等著	帮助中层管理者认清自身管理上的不足，快速提升领导力，更好地激发团队工作热情，实现下属、自身、企业的多赢
学话术　卖产品 张小虎　著	分析常见的顾客异议，提出破解方案，将复杂的销售程序化，将优秀的话术模块化，让普通导购员也能成为销售精英
为什么你的公司没长大 田友龙　著	本书将小老板的众生相在笔端刻画得淋漓尽致，更值得小老板们反复思量
营销破局八大策略 崔自三　著	本书为企业在营销过程中各个层面的问题给出了精细、系统的解决方案，旨在帮助企业走出营销困局
公司的浪费是如何产生的 刘孝明　著	作者针对企业里各种浪费现象并结合现实场景，直指造成浪费的根源，提示管理者及时堵住各类漏洞
中小企业如何建品牌 梁小平　著	国内第1部中小企业建品牌操作实务型图书。作者结合丰富的品牌咨询经验和亲身指导案例，分四步指导企业自建品牌
一位销售经理的工作心得 蒋军　著	专为销售管理者而著的实战指导图书。从实际出发，作者用自己的亲身经历给予读者来自管理一线的经验

续表

书名及作者	内容简介
用数字解放营销人 黄润霖　著	从营销中的各个问题出发,教会读者如何运用“营销的数字技术”,并能够运用公式和真实可见的数据赢得市场和管理团队
麻烦就是需求,难题就是商机 卢根鑫　著	通过从顾客身上不断发掘顾客真正强烈的价值需求,选择合适的产品载体,帮你挖掘出市场真实需要的商机
本土化人力资源管理8大思维 周剑　著	立足中国本土实践,针对民营中小企业的独特的人力资源问题提出了一个系统、实用的新理论,从实际出发,帮助中小企业重新认识和解决企业中人的问题
用流程解放管理者2中小企业规范化管理 张国祥　著	规范化管理不再是大企业的专利。张国祥老师将企业规范化管理的各个方面系统地讲述出来,为中小企业的规范化管理指明方向,值得广大中小企业借鉴
阿米巴经营的中国模式 李志华　著	阿米巴经营理论来自于管理学泰斗稻盛和夫,本书将该理论进行了中国本土化的发散和拓展,形成一套专业完整的体系,具有很强的工具性及学术、实战价值
集团化人力资源管理实践 李小勇　著	系统性阐述了集团化人力资源管理方面的内容,适合集团企业的人力资源专业人员阅读学习
老板、经理人双赢之道 陈明　著	从企业家和经理人尤其是“空降经理人”共生的角度出发,发现问题、化解矛盾,让沟通变得简单、透明,让双方实现共赢
走出薪酬管理误区 全怀周　著	本书梳理了薪酬体系构建中常见的8个误区,针对这8个误区,分别给出分析和解决方法
企业文化的逻辑 王祥伍　著	从这部书里,可以透彻的了解文化、了解企业文化的根源,同时又不是高深和脱离实际的学术观点,读者会从中获得知识、得到点拨,或是感叹原来如此
快消品营销与渠道管理 谭长春　著	本书立足快消品行业,帮助老板、营销总监、区域经理等各层管理者解决自己日常涉及的员工管理和渠道管理事务
招招见销量的营销常识 刘文新　著	全面解开你的销量之谜,读完本书,你的每一个营销动作都可以提高销量、降低成本
回归本源看绩效 孙波　著	企业对于绩效管理的应用可能进入了神秘化和技术化的误区,本书回归绩效管理的概念和本质,梳理绩效与企业经营的关系
企业文化激活沟通 宋杼宸　安琪　著	企业文化对于组织沟通状况的影响是根本性的。本书系统阐述沟通与企业文化的关系,帮助企业构建提升沟通效能的企业文化解决方案
华夏基石方法:人才评价中心(超级漫画版) 邢雷 朱军梅 郑雪琴 张小斐著	国内第一本用漫画形式书写的人才测评专业书籍
博瑞森行业丛书	
书名及作者	**内容简介**
白酒营销的第一本书 唐江华　著	国内第1部白酒营销实战指导图书,帮你打开白酒营销大门
白酒经销商的第一本书 唐江华　著	第1部写给白酒经销商的实战全指导,为你答疑解惑

续表

食用油营销第1书 余盛　著	从食用油的概况入手,小包装食用油的营销常识、品牌战略、营销方法,以及细分品类分类营销手段
乳业营销第1书 侯军伟　著	乳业营销的第1本书!从区域性乳品企业的实际情况出发,捕捉到他们最大的特点和现实中存在的关键问题,梳理出一条清晰的脉络,并提出了明确的解决方法
新医改下的医药营销与团队管理 史立臣　著	本书立足最新医改政策的解读,提供丰富的本土企业实践案例,为民营企业指明方向,提供变革之路,以及具体的方法措施
农资营销实战全指导 张博　著	农资营销实战的第1本书!如何找到提高销售效率和服务价值的营销模式是整个农资行业的重要命题,而本书就为您提供了完美答案
精品银行管理之道 崔海鹏　何屹　主编	本书提出打造精品银行是中小银行发展的战略选择,并从产品、业务、经营、客户、风险、团队等多个角度入手,全面又贴合实际地为读者提供行之有效的方法
建材家居营销实务:新环境、新战法 程绍珊　杨鸿贵　主编	站在营销模式创新的角度,为行业、企业营销开辟了一条新道路,并提供了具体的操作方法与参考案例供读者切实学习使用
农产品营销实战第一书 胡浪球　著	农产品实战营销的第1书!立足本土,33个核心问题配合生动案例,农产品营销盈利不再难
医药营销与处方药学术推广 马宝琳　著	作者用平时的语言、轻松的笔触、原创的模型和亲身操作的成功案例,为大家讲述处方药医学策划如何让“平民产品”变成“明星产品”

待出版,敬请关注

书名及作者	内容简介
把客流变成购买力:本土零售业升级第1书 丁昀　著	本书立足于本土实践,从整个行业的角度出发,分析业态特点,提出行业转型升级之道,并辅以大量实际案例,分析具体方法。零售行业必看的一本书
首轮胜出后,企业如何二次突围 苗兆光　著	本书定位于中间型企业,这类企业面临企业成长瓶颈,需要可持续发展的动力,本书从企业战略、管理、组织、产品等方面逐个击破,通过实战案例解答困惑,给予读者切实的帮助
商业模式与品牌营销 杨旭　林子力　主编	需求为本,梳理产业价值链上的各方需求,找到一种能够满足各方需求的盈利模式,从而提升公司的地位和价值
突破成长的陷阱 夏惊鸣　著	本书是对企业发展中的一个具体阶段的思考,即从机会主义转向战略成长过程中的经营和管理问题的梳理
从白酒经销商到品牌运营商 付文利　著	扎根行业特色,对白酒经销商如何拓展市场、规范自己的管理体系,给出了一个系统、专业的框架
中国茶营销第1书 柏龑　著	本书扎根行业,各个击破,在茶叶营销独具特色的各个方面深入浅出的为读者提供具体方法

华夏基石丛书

书名及作者	内容简介
农资营销实战全指导 张博　著	农资营销实战的第1本书！如何找到提高销售效率和服务价值的营销模式是整个农资行业的重要命题，而本书就为您提供了完美答案
升级你的营销组织 程绍珊　吴越舟　著	本土第1部营销组织实战专著，用有机性的营销组织力代替"营销能人"，打造战略统一、策略灵活、执行力强的高绩效营销队伍
精品银行管理之道 崔海鹏　何屹　主编	本书提出打造精品银行是中小银行发展的战略选择，并从产品、业务、经营、客户、风险、团队等多个角度入手，全面又贴合实际地为读者提供行之有效的方法
建材家居营销实务：新环境、新战法 程绍珊　杨鸿贵　主编	站在营销模式创新的角度，为行业、企业营销开辟了一条新道路，并提供了具体的操作方法与参考案例供读者切实学习使用
华夏基石方法：企业文化落地本土实践 王祥伍　谭俊峰　著	作者10年积累、原创方法、一线资料，毫无保留奉献，是企业文化落地真正有洞察力和实操价值的一本书
阿米巴经营的中国模式 李志华　著	阿米巴经营理论来自于管理学泰斗稻盛和夫，本书将该理论进行了中国本土化的发散和拓展，形成一套专业完整的体系，具有很强的工具性及学术、实战价值
集团化人力资源管理实践 李小勇　著	系统性阐述了集团化人力资源管理方面的内容，适合集团企业的人力资源专业人员阅读学习
老板、经理人双赢之道 陈明　著	从企业家和经理人尤其是"空降经理人"共生的角度出发，发现问题、化解矛盾，让沟通变得简单、透明，让双方实现共赢
快消品营销与渠道管理 谭长春　著	本书立足快消品行业，帮助老板、营销总监、区域经理等各层管理者解决自己日常涉及的员工管理和渠道管理事务
走出薪酬管理误区 全怀周　著	本书梳理了薪酬体系构建中常见的8个误区，针对这8个误区，分别给出分析和解决方法
回归本源看绩效 孙波　著	企业对于绩效管理的应用可能进入了神秘化和技术化的误区，本书回归绩效管理的概念和本质，梳理绩效与企业经营的关系
企业文化激活沟通 宋杼宸　安琪　著	企业文化对于组织沟通状况的影响是根本性的。本书系统阐述沟通与企业文化的关系，帮助企业构建提升沟通效能的企业文化解决方案
华夏基石方法：人才评价中心(超级漫画版) 邢雷 朱军梅 郑雪琴 张小斐著	国内第一本用漫画形式写的人才测评专业书籍
待出版，敬请关注	
首轮胜出后，企业如何二次突围 苗兆光　著	本书定位于中间型企业，这类企业面临企业成长瓶颈，需要可持续发展的动力，本书从企业战略、管理、组织、产品等方面逐个击破，通过实战案例解答困惑，给予读者切实的帮助
从白酒经销商到品牌运营商 付文利　著	扎根行业特色，对白酒经销商如何拓展市场、规范自己的管理体系，给出了一个系统、专业的框架
突破成长的陷阱 夏惊鸣　著	本书是对企业发展中的一个具体阶段的思考，即从机会主义转向战略成长过程中的经营和管理问题的梳理

博瑞森管理丛书
征稿启事

当中国和中国企业崛起成为全球共识,本土管理咨询、管理研究与创新正随之兴起。

谁是中国企业最信任、最渴求的管理专家?

何种管理思想、方法更适合当下中国企业?

博瑞森图书联合国内诸多管理专家、专业媒体、出版社向本土管理咨询师、企业管理者、管理研究者征稿!希望通过"博瑞森图书"这一本土管理图书的出版平台,为广大管理专家提供研究、创新成果展示机会,让更多有利于中国企业崛起的好思想、好方法迸发出来,为企业助力,为中国加油!

无论您目前是否已有待出版的内容,只要您认为自己的思想符合我们的出版方向、标准,请您与我们联系,将您的个人简介、或博客链接、或文章等相关个人资料发送到:bookgood@126.com.我们将会协助您策划图书选题方向、整理内容资料、制定写作计划,并按照商业化出版模式出版、发行、推广您的作品。我们在为读者寻找好内容、出版好书,所以**特别说明:此活动绝非"自费出书",不向作者收取任何成本、费用。**

其他联系方式:010-84645015 qq:1963328416

博瑞森图书已出版图书示例:《让管理回归简单》、《让经营回归简单》、《让用人回归简单》、《中层领导力》、《涨价也能买到翻》、《用流程解放管理者》、《边干边学做老板》、《卖轮子》(获2010年和讯年度图书奖)、《交易心理分析》(获2011年度上海"第一财经日报"投资图书奖)。

华夏基石管理咨询集团

作为本土最大的综合性管理咨询集团之一，华夏基石致力于整合、传播国内外先进管理智力成果，并推进其在中国管理实践中的运用；与此同时，不断总结、研究中国管理实际，在国内外先进管理智力成果的基础上进行创新，开发具有独立知识产权的专业化、差异化产品和服务，将“为客户创造价值，与客户共成长”的理念落于实处，其管理理念与产品成果得到业内高度认可，是中国企业联合会管理咨询委员会副主任委员单位，2009 年被评选为中国管理咨询机构 20 佳。